競争を回避する女性

一形成・帰結・政策的対応について一

矢ヶ崎 将之

JN123041

三菱経済研究所

はじめに

　女性活躍の重要性が叫ばれている昨今，世界各国の政府や企業，大学などで優秀な女性の能力を活用していく様々な取り組みが始められている．その甲斐もあってか，女性の教育水準は数十年前に比べて大幅な改善を見せ，現在多くの先進国において女性は男性と同程度もしくはそれ以上の教育水準に達している．しかし，ひとたび労働市場に目を向けると，賃金や管理職割合などの観点で男女間格差は依然として根強く，女性活躍社会の実現の難しさを実感させられる．厚生労働省によると，2016年度のフルタイムで働く女性の平均賃金は男性の平均賃金の約73%にとどまっている．2016年に発表されたOECD男女間賃金格差ランキングを見れば，わが国は韓国やエストニアに次いでOECD加盟国のなかで3位であり，国際的にも極めて賃金格差が大きい．管理職に占める女性の割合（女性管理職割合）は課長相当職以上で12.1%にとどまり，09年度と比較して1.9ポイントしか増加していない[1]．

　このような労働市場における男女間格差は，従来から多くの社会科学者たちをひきつけてきたトピックである．なかでも，経済学は資源配分の効率性を研究する学問だ．全人口の半分を占める女性が，女性活躍を阻む何らかの要因によってその潜在的な能力を社会に十分還元できていないのであれば，その損失は計り知れない．しかしそうであるとすると，なぜここまで女性活躍が進まないのだろうか．伝統的な経済学の議論に則ると，仮に企業が女性の能力を十分に活用せず非効率

---

[1] 雇用均等基本調査参照.

な企業運営を行っているのであれば，市場競争の結果淘汰されると予測される (Becker, 1971)．競争の激化に伴い，近年企業は優秀な女性の積極的活用に向けて大きく舵を切り始めている．市場の失敗に関する経済学的な理解も進み，政府も男女共同参画推進のため様々な政策を打っている．それでも女性活躍が一向に進まない実情に鑑みると，「女性」と「競争社会」を考える上で，伝統的な経済学にはなかった新たな視点が必要とされているのかもしれない[2].

女性と競争

近年，標準的な経済学モデルから乖離して，社会学や心理学の知見を取り入れた行動モデルを構築し，経済分析に応用しようとする行動経済学 (behavioral economics) や，実験室実験やフィールド実験を通して経済学的現象を実験的に検証する実験経済学 (experimental economics) が世間の注目を集めている．2002 年にダニエル・カーネマンとヴァーノン・スミスが，2017 年にはリチャード・セイラーが，行動経済学や実験経済学への功績を称えられてノーベル賞を受賞したことは，この分野がいかに経済現象の解明に大きな貢献をもたらしたのかを端的に表しているといえよう．

労働市場の男女間格差の解明についても，これらの分野から新たな視点に立つ研究が 2000 年代初頭からスタートした．男女間にはそもそも，「競争に対する反応」に違いがあることを実験的に明らかにしたのだ．Gneezy, Niederle and Rustchini (2003) では，歩合制とトーナメント制の報酬体系をランダムに被験者に割り振り，それぞれの報酬体系で被験者に与えられたタスク（迷路）の成績が男女でどのように反応す

---

[2]もちろんこれまでにも差別や家事・子育てなどに伴う労働経験の男女格差など様々な説明がなされてきた (Blau and Kahn, 1992; Waldfogel, 1998).

るかを分析した．その結果，歩合制の報酬体系の下では男女でタスクの成績に有意な差は存在しなかったが，トーナメント制の報酬体系の下では男性の成績が女性の成績を有意に上回ったのだ．これは，男性がトーナメント制になり競争が導入されると，タスクの成績が歩合制と比べて向上したことを意味する．

これに対して，Niederle and Vesterlund (2007) は女性は男性に比べて競争的環境を選ばないことを実験的に示した．彼女らの実験においては，被験者が歩合制とトーナメント制をそれぞれ経験した後に，歩合制とトーナメント制の好きな報酬体系を自ら選択することができる．このような実験をすると，女性は男性とトーナメント制において同程度の成績が発揮できる状況においても，男性に比べて競争的環境を回避することが明らかになった[3]．女性が競争を回避する傾向があるということを前提とすると，労働市場において男女間格差が存在することも理解できる．一般に，より高い労働市場でのポジションを獲得しようと思えば，少なからず競争に参加する必要があるからだ．女性の管理職割合が低いのは，女性が昇進競争などを回避しているからなのかもしれない．あるいは金融セクターやエンジニアなどの技術職において女性の割合が低いのは，そのような職種が競争的であるからかもしれない．女性が競争を回避するという傾向は，女性活躍社会の実現に向けて無視できない重要な観察事実である可能性が高い．

---

[3]Gneezy, Niederle and Rustchini (2003) の結果の背後には，女性が男性に比べて競争を嫌い，競争にモチベートされないということが関係しているのかもしれない．このような競争に対する選好と競争下の成績の関係についての厳密な検証は，筆者の知る限りなされていない．

本書の構成

　本書では，Niederle and Vesterlund (2007) において観察された女性が男性に比べて競争を回避する傾向があるという現象に着目し，その形成過程や帰結，および政策的対応について議論することを目的としている．

　第 1 章では，ある県の公立中学生を対象に行われた Niederle and Vesterlund (2007) の追実験を説明し，わが国の中学二年生においても女子は男子よりも競争を回避する傾向にあることを示す．競争参加の意思決定には，そもそもの能力や順位に対する自信，およびリスク選好などが影響すると考えられる．特に，リスク選好は伝統的に経済学者が大きな関心を寄せ，女性は男性に比べリスクを回避する傾向にあることが観察されてきた (Eckel and Grossman, 2002)．第 1 章では，それら競争参加の男女差を生み出す要因を考慮に入れた上でも，説明されない競争参加の男女差が存在することをみる．これにより，女子は男子に比べて競争それ自体を嫌う，つまり競争選好に男女差が存在すると考えることができる．この章では競争選好やリスク選好の形成に，家庭環境などの後天的要因が強く影響を与えていることも論じる．

　第 2 章では，競争選好やリスク選好の男女差が，教育や労働市場において観察される様々な男女間格差と関連していることを論じる．特に，Yagasaki and Nakamuro (2018) に基づき，先行研究では十分に検証されてこなかった学力の形成と，競争選好やリスク選好との関連を分析する．この分析を通して，長い間多くの社会科学者の関心を集めてきた数学力の男女間格差と，これら行動特性の男女差が関連していることをみる．男性規範の一部であるとされる競争選好が強いという特性は，数学力の形成に正の影響を与えるが，女性規範の一部であるとされるリスクを回避するという特性も，同様に数学力の形成に正の影

響を与えることを示す．この結果は女性が常に「男性のように振る舞う」ことが男女間格差を縮小する訳ではないということを端的に示す結果である．特に教育政策を通して男女の選好に影響を与えようとする政策は，選好が成人になってからでは簡単に変わらないという事実を踏まえると，細心の注意を要することを示唆する．また，ある選好パラメータが個人の合理的行動の結果としてどのような経済的帰結をもたらし得るのかは，経済制度の細部に大きく依存する．このような観点から，女性活躍を推進する上で，女性自身に変化を求めるのではなく，制度設計を通して対応していくことが望ましい．第2章の分析は，わが国の中学生を対象に行われているという点でも，わが国の教育制度の設計に与える示唆は大きいと考えている．

　第3章では，競争に参加することが「女性らしくない」と思われるような社会の中で，具体的にどのような政策が女性の競争参加を促す上で有効なのかを分析した Yagasaki (2019) に基づいて議論を展開する．女性が野心的で「男性らしい」行動をとることは，往々にして結婚市場や交際市場での女性の立場を不利にすることが先行研究において確認されている．このように女性が競争に参加することの社会的コストを所与とすれば，女性が競争に参加することで「女性らしくない」と思われないような配慮が女性の競争参加を促す上で重要となる．第3章では，女性を優遇するアファーマティブ・アクションは，競争に参加する女性は「女性らしくない」とする社会的イメージのコストを軽減する上で限定的な効果しか持ち得ないことを指摘し，競争環境に募金や慈善活動など「女性らしい」活動の機会を付与することが一つの解決策となり得ることを示す．最後に，女性の競争参加を促す上でどのような点に注意して政策をデザインしていけば良いのか，先行研究の結果を踏まえながら具体的な政策の議論を行う．

謝辞

　本書の執筆に際して，多くの方々のお世話になりました．公益財団法人三菱経済研究所の吉峯寛副理事長，滝村竜介常務理事，杉浦純一研究部長から貴重なアドバイスと温かい励ましをいただきました．東京大学教授の松島斉先生には，三菱経済研究所との縁を取り持っていただきました．東京大学教授の澤田康幸先生，慶應義塾大学教授の中室牧子先生，森下光之助氏には本書で扱っている経済実験の実施に際して様々なサポートをしていただきました．特に，中室牧子先生には，筆者に研究者として多くのチャンスを作っていただいただけでなく，学術界を超えて本書の問題意識を考える際に有益な多くの方々に出会わせていただきました．最後に，アリゾナ大学・東京大学教授の市村英彦先生には，修士課程より筆者の指導教官として指導にあたっていただきました．専門分野が異なる筆者の研究に対しても，いつでも丁寧に話を聞いていただき，示唆に溢れるコメントをしていただきました．ここに記して深く感謝申し上げます．

2019 年 10 月

矢ヶ崎 将之

目　　次

第1章　競争を回避する女性：競争選好やリスク選好の男女差とその形成要因について

　女性は男性に比べて，競争を回避する傾向にあるという印象を抱いている人は少なくないのではなかろうか．筆者の小学生・中学生時代を思い返せば，給食の時間，余ったコーヒー牛乳やプリンを競ってジャンケン大会が開催された．先生が号令をかければ，真っ先に飛び出すのはいつも男子であり，女子はあまり参加していなかったのをよく覚えている．人気のケーキ屋やスイーツ食べ放題のお店を覗けば，女性で溢れかえっている．女子がコーヒー牛乳やプリンを男子に比べて好まなかったとは到底思えない．女性は誰かと競ってまで自分の欲しいものを得たいと思わないのではないだろうか．

　心理学などの分野では，従来より女性は男性に比べて自分自身を「競争的ではない」と評価する傾向にあることが指摘されてきた (Campbell, 2013)．こういった主観質問を用いた心理学的手法は，「競争的である」ことの意味合いが人それぞれ異なる可能性や，競争とは異なる個人の何らかの特性を反映している可能性などが問題視され，客観性を重視する経済学において，長い間，重要とされてこなかった．

　ただ，もし女性が男性に比べ何らかの意味で「競争的でない」とすれば，資源配分を研究する経済学において無視できない意味合いを持ってくる．企業の中の昇進競争を例にとろう．通常の経済学では，昇進することで与えられる役職が十分労働者にとって魅力的である限り，男性も女性もその役職を争う昇進競争に参加すると考える．このような労働者の自発的な昇進競争への参加を所与とすれば，競争を通して企業は適切に一人一人の能力を把握し，最も適した人材を昇進させるこ

とで人材配置の最適化を実現することが可能となる.

これが，女性が男性に比べて競争を回避する傾向にあるとしたらど
うだろうか．仮に女性が当該役職に魅力を感じていて，十分にその役
職を担う能力があったとしても，その役職を得るために昇進「競争」と
いうプロセスを経る必要があるならば，女性はその役職に就くことを
諦めてしまうかもしれない[1]．女性が男性に比べて競争を回避する傾向
にあるとすれば,「競争原理」を通した資源配分が正に「競争的」であ
るという事実そのものによって大きな非効率性を生み出す可能性を示
唆する.

Niederle and Vesterlund (2007) は，実験室の中で被験者が実際に競争
を「選択する」かどうかの顕示選好 (revealed preference) を観察するこ
とで，主観的な尺度に依存している心理学的手法の問題点を克服した.
Niederle and Vesterlund (2007) では，米国の大学生を対象に実験室実験
を実施し，計算問題 1 問解けるごとに 50 セント得られる「歩合制」と，
4 人のグループの中で 1 位になった人にのみ計算問題 1 問あたり 2 ド
ル得られる「トーナメント制」のいずれかの報酬体系を被験者に選択
させた．その結果，男性は 73％がトーナメント制を選択したのに対し，
女性は 35％と男性の半分未満であった．この競争的な報酬体系選択の
男女差は，そもそもの能力の差や相対的順位に対する自信，リスク選好
など考えられる要因を考慮してもなお残る．ゆえに，男女の間には競
争そのものに対する「選好」の違いが存在するという含意が導かれる.

本章は，2017 年にある県の一つの自治体に属する公立中学校の二年
生を対象に実施された Niederle and Vesterlund (2007) の経済実験のデー
タを用いて，わが国の中学生においても同様の結果が再現されること
をみる．次節の 1.1 節では，まずある県において行われた実験を通し
て，Niederle and Vesterlund (2007) の実験デザインの詳細を説明する.

---

[1]もちろん，そのような役職に求められる能力の一部として，個人に競争を回避しな
い特性を求めるのであれば，ここでの非効率性はいくらか緩和される.

ここでは，実験の際に収集した質問紙調査や自治体から提供してもらった行政データについても述べる．1.2 節では実験データを用いて，男女の間には能力の差や自信，リスク選好などの男女差が存在するが，それらの要因を統制した上でも説明できない競争参加上の男女差が存在することを示すことで，競争選好に男女差があることを傍証する．1.3 節では，これらの競争参加に影響を与える競争選好やリスク選好などの形成において，後天的要因の影響が大きいことを，先行研究やある県での実験データを通して示す．1.4 節では，本章を総括する．

1.1　実験概要

実験はある県の一つの自治体に属する公立中学校 6 校の中学二年生を対象に，2017 年の 3 月 21, 22, 23 日に，それぞれの中学校へ調査員が訪問するかたちで実施された．実験実施日の約 1 ヶ月前に各中学校において調査員が募集を行い，保護者同意書に保護者の同意を得て学校に提出した生徒のみ参加可能とした．この段階で生徒および保護者は，この実験に参加することで参加報酬として 500 円分の図書券や QUO カードが支払われること，実験本体の成果に応じて報酬がさらに増える可能性があること，および調査結果に伴う成果報酬は図書券や QUO カードで報酬が支払われることを周知し，実験の内容や図書券や QUO カードがどのような内訳で支払われるかについての詳細は伝えなかった．これは報酬の内容によるセレクションバイアスの問題を最小限に抑えるための工夫である．最終的に，対象になった中学二年生全 1112 名のうち，848 名が参加の意思を表明し，811 名（男子 389 名，女子 422 名）の生徒が実験に参加した．これは全体の約 70％に相当する．

実験は各学校の放課後の時間を利用して実施された．生徒は指定された教室にランダムに着席するよう指示され，各教室に配置された調

査員二人の立ち会いのもとに調査に参加した．実験の進行は，録音した音声ファイルと各教室に設置されているモニターを利用して行い，調査員が適宜生徒からの質問に個別に答えるという形式で行われた．実験時間は実験終了後の質問紙調査も含めて約1時間程度であった．報酬は実験日から約3ヶ月後に各生徒の自宅に配送され，参加報酬も含めた報酬額は平均1022円，最低500円，最大3400円であった．

1.1.1　実験内容

実験のデザインは Niederle and Vesterlund (2007) や Buser, Niederle and Oosterbeek (2014) などの先行研究に依拠している．生徒は実験に参加することでポイントを獲得する．生徒の獲得ポイントは，1ポイントあたり1円に換算され，参加報酬と合わせて図書券やQUOカードとして生徒に報酬が支払われることが知らされた．実験は全5ラウンドから構成され，実験終了後にカードを引くことでランダムに決定されるラウンドのポイントが生徒の最終獲得ポイントとなった．このようにする理由は，例えば生徒が「最初のラウンドにおいてはリスクのある選択をしたから，次のラウンドでは比較的安全な選択をしよう」といった，ラウンド間でのリスクヘッジ行動をするインセンティブを排除するためである．

最初の3ラウンドでは，生徒は以下の図1.1に記されているような迷路を3分間で出来るだけ多く解くように指示される．なお，実験は紙と鉛筆を用いて行われたため，それぞれのラウンドで生徒がどれだけ迷路が解けたかは明示的に知らされなかった．しかし，迷路の採点基準などは極めて単純なルールにしたがっているため，Niederle and Vesterlund (2007) や Buser, Niederle and Oosterbeek (2014) で使用されている計算問題などの他のタスクに比べ，生徒自身が自らどれだけ迷路が解けたかは十分正確に把握できたと考えられる．

ここで，Round 1 の歩合制は，勝ち負けがないので「競争がない」報

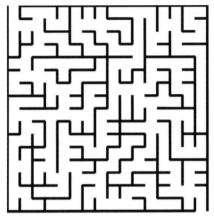

図 1.1　迷路の例

Round 1（歩合制）

生徒は 3 分間で出来るだけ多くの迷路を解くように指示される．このラウンドでは，迷路 1 問解けるごとに 50 ポイント獲得できる．

Round 2（トーナメント制）

生徒は 3 分間で出来るだけ多くの迷路を解くように指示される．このラウンドでは，生徒は 3 人 1 組のグループになっていることが伝えられる[a]．このグループの中で，迷路の成績が 1 位になった人のみ，迷路 1 問あたり 150 ポイント獲得できる．2 位，3 位の場合はポイントを獲得できない．

　　[a]グループは，所属する中学校の実験参加者の中からランダムに選ばれ，誰と一緒になっているかは伝えられない．

酬体系であり，Round 2 のトーナメント制は，勝ち負けがあるので「競争がある」報酬体系である点に注意しよう．また，トーナメント制に

┌─ Round 3 （報酬体系の選択 1） ─────────────

生徒は 3 分間で出来るだけ多くの迷路を解くように指示される.
ただし，このラウンドでは，歩合制とトーナメント制の報酬体系
を自ら選択することができる．歩合制を選んだ場合，生徒は迷路
1 問解けるごとに 50 ポイント獲得できる．トーナメント制を選ん
だ場合，生徒は自分の迷路の正解数が，グループの他の二人のメ
ンバーの Round 2 における正解数と比較して，1 位だった場合の
み，迷路 1 問ごとに 150 ポイント獲得できる．2 位，3 位の場合は
ポイントを獲得できない.

└──────────────────────────────────────

おいてはランダムに勝者が選ばれた場合の期待獲得ポイントが，歩合
制と同じになるように値が設定されている.

　次の Round 3 おいては，生徒は再度 3 分間の迷路を解くように指示
されるが，ここでは生徒が迷路を解く前に，迷路の成績に対して歩合
制とトーナメント制のどちらの報酬体系を適応するかについての選択
を生徒自らが行うことができる.

　トーナメント制を選んだ場合，生徒は他のグループのメンバーの
Round 2 における正解数と競争をするということに注意しよう．この
ような工夫をする理由は，生徒のトーナメント参加の意思決定自体が，
他のグループメンバーの期待獲得ポイントに影響を与える可能性を排
除するためである．仮に生徒が自分がトーナメントに参加することで，
他のメンバーの獲得ポイントを下げることに不効用を感じるのであれ
ば，トーナメント参加をやめてしまうかもしれない．このような「利
他心」は男性よりも女性の方が強い傾向が一部の研究で観察されてい
るため (Croson and Gneezy, 2009)，競争参加の男女差が利他心の男女
差によってもたらされないために，ここではあらかじめそのような要
因を排除している．またトーナメントに参加した人たちのなかで内生

的に対戦相手が決定する方式だと，他のプレーヤーの参加の意思決定に関する生徒間の信念（belief）の違いが意思決定に大きな影響を与えることになる．これらの場合，例えば生徒がトーナメントへ参加しなかったからといって，生徒の競争選好が低いと識別することがより難しくなる (Manski, 2004).

　もちろん，上記のような要因が排除されているからといって，トーナメントに参加した生徒が直ちに競争選好の強い生徒であるということはできない．例えば前述のとおり，トーナメント参加はリスク選好の影響を受ける．よりリスクを取るのが好きな生徒は，例え競争それ自体には興味がなかったとしても，勝つか負けるかのリスキーな状況を好むであろう．またグループ内での自分の順位について自信のある生徒の方が，トーナメントに参加する傾向があると考える方が自然である．さらに，トーナメントに参加して自分が周囲と比べて能力が低いことを思い知らされるより，歩合制に参加した方が心理的コストが少ないと考える生徒もいるかもしれない．このようにトーナメントに参加することで自分の相対的な能力を認識させられることを忌避する生徒は，トーナメントの参加を拒むであろう．これを「フィードバック回避」と呼ぶ．これらの要因は，Niederle and Vesterlund (2007) で議論されている通り，男女差があることが知られている特性だ．したがって，競争選好に男女差があると結論づけるためには，これらの要因の男女差の影響を競争参加の男女差から排除することが必要となる．以下の Round 4, 5 はその目的を達成するためにデザインされている．

　Round 5 はリスク選好を計測するラウンドである．表 1.1 に記されているように，クジの番号が大きくなるにしたがって，クジから得られる平均獲得ポイントも大きくなるが，標準偏差の値も大きくなる．これは番号が大きくなるにしたがってよりリスキーなクジとなることを示している．さらに，クジ 4 と 5 では，平均獲得ポイントは変わらないが，クジ 5 の方が標準偏差が大きくなっている．したがって，クジ

┌─ Round 4 （報酬体系の選択 2）─────────────

このラウンドでは，生徒は迷路を解くことはない．生徒は，Round 1
の迷路の成績に，歩合制かトーナメント制の報酬体系のどちらを
適応するかを選択する．歩合制を選んだ場合，生徒は Round 1 の
迷路の正解数掛ける 50 ポイントの報酬を獲得する．トーナメント
制を選んだ場合，生徒は Round 1 での迷路の正解数が，グループ
の他の二人のメンバーの Round 1 における正解数と比較して，1
位だった場合のみ，迷路 1 問ごとに 150 ポイント獲得できる．2
位，3 位の場合はポイントを獲得できない．

└───────────────────────────────

┌─ Round 5 （クジの選択）─────────────────

このラウンドでは，生徒は迷路を解くことはない．生徒は表 1.1
に記されているクジ 1 から 6 の中で，好きなクジを選択するよう
に指示される[a]．実験終了後に調査員によってコインが投げられ，
生徒が選択したクジと，コインの表裏の実現値に応じて獲得ポイ
ントが決定する．

───────────────────

　[a]ここで，生徒にはクジの獲得ポイントに関する情報だけが表示され，生徒に
平均や標準偏差などの情報は表示されない．

└───────────────────────────────

表 1.1　Round 5 のクジ一覧

選択	High	Low	平均値	標準偏差	CRRA 範囲
クジ 1	400	400	400	0	$3.94 < r$
クジ 2	500	350	425	75	$1.32 < r < 3.94$
クジ 3	600	300	450	150	$0.81 < r < 1.32$
クジ 4	700	250	475	225	$0.57 < r < 0.81$
クジ 5	800	200	500	300	$0 < r < 0.57$
クジ 6	900	100	500	400	$r < 0$

5 を選択する生徒は，獲得できるポイントが同じでもリスクが大きいクジを好む傾向にあることを意味し，リスク愛好的な生徒であることを示している．実際，右端の列では，$u(x) = x^{1-r}$ を仮定したときにそれぞれのクジが選択される CRRA (Constant Relative Risk Aversion) の値を表記しているが，番号が大きくなるにしたがって r が小さくなり，クジ 5 ではリスク愛好的 $(r < 0)$ となることが分かる．

　Round 4 は，トーナメント参加に影響を与える要因のうち，「競争する」こととは必ずしも直接関係しない要因を全て抜き出すために，Niederle and Vesterlund (2007) によってデザインされたものである．Round 4 とRound 3 の本質的な違いは，報酬体系を選択した後，実際に「競争する」か否かである．もし，3 分間他者と迷路で競争することの緊張感を楽しみたいといった欲求が生徒にある場合，Round 3 ではトーナメントを選択することでそのような欲求を満たすことができる．しかし，Round 4 では報酬体系の選択後，実際に競争を行うわけではないのでそのような欲求を満たすことができない．したがって，Round 4 はリスク選好，自信やフィードバック回避などの競争とは直接関係のない要因の影響は受けるが，競争選好の影響は受けないと解釈される[2]．

1.1.2　質問紙調査

　Round 1 から 5 までの本実験終了後，生徒は質問紙調査に答えた．質問紙調査においては，生徒が Round 1 や 2 において自分がグループの中で何位だったかを予想させ，生徒の自信を直接測定した[3]．その他にも生徒の心理特性を測る質問や，生徒の家族構成や兄弟の数，親の就業

---

　[2]もちろん，これは競争選好とは何なのかという定義による．上記のように「競争することを楽しむ」という意味合いが強いのであれば，Round 4 においても競争選好の影響が出るように思える．この点について，Niederle and Vesterlund (2007) では，Round 3 と Round 4 の被験者の選択が本質的に異なることを示すことで，Round 4 の選択は競争選好の影響を受けていないことを説得的に議論している．

　[3]生徒は予想と実際の順位が当たっている場合，ポイント獲得することができた．

状況などの質問に生徒は答えた．この質問紙調査の回答はあらかじめ
任意であることが伝えられ，生徒自身が答えたくない項目は答えない
でよいとし，生徒が質問に答えることの心理的ストレスにも配慮した．

1.1.3　行政データ

　経済実験や質問紙調査によって得られたデータ以外にも，2015 年か
らある県が行っている学力調査のデータや，対象となった自治体から
生活保護受給世帯や就学援助世帯など，生徒の家庭の経済状況に関す
る情報を含むデータを取得した．

　ある県の学力調査は，一部の地域を除く公立学校に属する小学四年生
から中学三年生までの生徒を毎年度調査するパネルデータである．この
学力調査では，生徒の学力水準のスコアを IRT (Item Response Theory)
と呼ばれる手法によって算出しているところが特徴的で，IRT スコア
は試験問題の難易度と生徒の能力値を別々に識別することが可能であ
るという点が最大の利点である．この特徴を利用すれば，例えば同じ
ような難易度の問題を，生徒がどれだけ解けるようになったかに着目
することで，生徒が異なる時点においてどれだけの学力水準を有して
いたのかを，比較可能な共通のスコアにまとめることができる[4]．

1.1.4　記述統計

　表 1.2 は本研究の被験者となった中学生の男女別の記述統計である[5]．
Panel A は中学二年時，三年時の数学，国語，英語に関する IRT スコア

---

[4]ただし，IRT スコアの弱点は試験で満点だった場合と 0 点だった場合の能力値の推
定ができない点にある．この点を考慮するために，本章の分析は基本的にトービットモ
デルを用いて推定をしている．

[5]表 1.2 に記載されている変数のうち，一つでも欠落している生徒のデータは本章の
分析では使用しない．結果，744 名のサンプル数となっている．ただし，いくつかの IRT
スコアが欠落しているのは，前述の通り満点の生徒に対して IRT スコアが定義できない
ためである．これは後にトービットモデルにより対処可能なので，744 名の中には含ま
れている．

表 1.2　記述統計

	男子			女子			男女差
	N	平均値	標準偏差	N	平均値	標準偏差	*t* 検定
Panel A: IRT スコア							
中三：数学	342	1.40	1.06	394	1.30	1.05	
中三：国語	345	1.49	1.33	399	1.82	1.24	***
中三：英語	343	1.01	1.15	396	1.34	1.13	***
中二：数学	345	0.92	1.07	399	0.84	0.95	
中二：国語	345	0.84	1.07	399	1.19	1.02	***
中二：英語	345	0.16	1.04	399	0.49	0.99	***
数学伸び	342	0.49	0.62	394	0.48	0.64	
国語伸び	345	0.66	0.93	399	0.63	0.87	
英語伸び	343	0.86	0.61	396	0.86	0.63	
Panel B: 親の就業状況							
父親のみ働いている	345	0.16	0.37	399	0.16	0.37	
母親のみ働いている	345	0.08	0.26	399	0.05	0.21	*
共働き	345	0.76	0.43	399	0.78	0.42	
その他	345	0.01	0.09	399	0.02	0.12	
Panel C: 家族形態							
核家族	345	0.74	0.44	399	0.78	0.42	
片親	345	0.11	0.31	399	0.06	0.24	*
その他	345	0.15	0.36	399	0.16	0.37	
Panel D: その他の属性							
就塾	345	0.75	0.43	399	0.72	0.45	
兄弟数	345	1.24	0.82	399	1.29	0.89	
月齢	345	173.49	3.35	399	173.34	3.43	
生活保護・就学援助	345	0.16	0.36	399	0.15	0.36	

注：この表はそれぞれの変数の平均値，標準誤差を男女ごとに表したものである．
　　最後の列は男女差を *t* 検定した際の有意水準を表している；* $p < 0.1$, ** $p < 0.05$,
　　*** $p < 0.01$

　の平均を表している．一見して，国語と英語に関しては女子が男子よりも中学二，三年時ともに学力水準が統計的に有意に高くなっていることが分かる．その一方で，数学の IRT スコアの平均については，女子と男子で同等もしくは統計的に有意ではないものの女子の方が男子よりも低くなっていることが観察される．

　Panel B, C, D では親の就業状況，家族形態，就塾，兄弟の数，月齢，生活保護や就学援助状況などの分析で使用される生徒の属性に関する

情報がまとめられている．10％の有意水準で女子は男子よりも「母親のみ働いている」割合が高く，片親である割合が低いが，その他の属性に関しては男女間で統計的に有意な違いはないことが分かる．

1.2　競争選好の男女差

　表 1.3 は実験で収集された各変数についての男女別の記述統計を表している．多くの先行研究が示している通り，女子は男子よりもトーナメント参加率が低く，よりリスク回避的な選択をしていることが確認される．図 1.2 と図 1.3 は，Round 3 のトーナメント参加率と Round 5 のクジの選択についてのヒストグラムである．男子の約 41％がトーナメントを選択する一方，女子は約 23％と半分近くになっていることが分かる．Round 5 のクジの選択では，男子はより高い番号のクジになるにつれて選択確率が増加していく一方で，女子はより高い番号のクジになるにつれて選択確率が減少していくことが分かる．

　図 1.4 と図 1.5 では，中学校ごとに男女のトーナメント参加率とク

表 1.3　実験データの記述統計

	男子			女子			男女差
	N	平均値	標準偏差	N	平均値	標準偏差	t 検定
実験データ							
迷路の成績 (Round 1)	345	6.09	1.85	399	5.51	1.78	***
迷路の成績 (Round 2)	345	8.23	2.31	399	7.45	2.31	***
トーナメント参加 (Round 3)	345	0.41	0.49	399	0.23	0.42	***
トーナメント参加 (Round 4)	345	0.24	0.43	399	0.15	0.36	***
順位予想 (Round 1)	345	2.06	0.64	399	2.21	0.59	***
順位予想 (Round 2)	345	1.69	0.71	399	1.78	0.73	***
クジの選択	345	4.08	1.80	399	3.04	1.61	***

注：この表はそれぞれの変数の平均値，標準誤差を男女ごとに表したものである．
　　最後の列は男女差を t 検定した際の有意水準を表している；* $p < 0.1$, ** $p < 0.05$,
　　*** $p < 0.01$

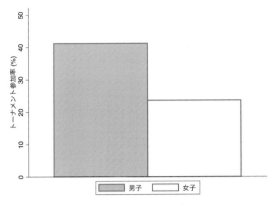

図 1.2 トーナメント参加率

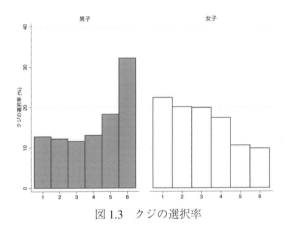

図 1.3 クジの選択率

ジ 4〜6 の選択率を表したものだ．トーナメント参加率およびクジ 4〜
6 の選択率のいずれを見ても，6 校全ての中学校において女子は男子
に比べトーナメント参加率が低く，よりリスク回避的なクジの選択を
行っていることが分かる．

　リスク選好の男女差の存在は図 1.3 によって明らかであるが，図 1.2
によって競争選好，つまり競争それ自体を好むかどうかの男女差があ
るとは限らない．トーナメント参加は「勝つ」か「負ける」かの不確

14

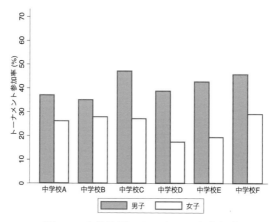

図 1.4　中学校別：トーナメント参加率

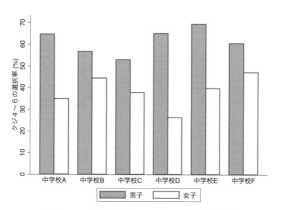

図 1.5　中学校別：クジ 4～6 の選択率

実性を伴う．したがって，リスク選好に図 1.3 のような男女差があると
いうことは，リスク選好の男女差がトーナメント参加の男女差をもた
らしているかもしれない．さらに表 1.3 に戻れば，男子は女子よりも
迷路の成績について自信があることが分かる．Niederle and Vesterlund
(2007) や Buser, Niederle and Oosterbeek (2014) など多くの先行研究に
おいては，トーナメント参加の男女差の大部分はリスク選好の男女差

よりも，この自信の男女差に起因していると結論づけている．また実際に，男子は女子よりも迷路の成績が良くなっていることもトーナメント参加の男女差をもたらしている可能性がある．女子よりも男子の方が競争選好が強い（つまり競争的状況を好む）と結論づけるためには，これらの考えられる要因をコントロールした上でも説明できないトーナメント参加の男女差が残ることを示さなければならない．次節では回帰分析を行うことにより，能力，順位に対する自信，そしてリスク選好などの男女差の影響を除去してもトーナメント参加の男女差が残ることを示す．

1.2.1　回帰分析

表 1.4 は，従属変数を Round 3 におけるトーナメント参加のダミー変数として回帰分析を行った結果である．Column (1) は女子は男子に比べて 18 パーセンテージポイント，トーナメントに参加しない傾向にあることを示している．前述の通り，この違いは男女間の迷路の成績の違いや自信，そしてリスク選好の違いを反映しているだけかもしれないため，Column (2) 以降ではそれらの変数を徐々に説明変数として加えていく．

まず Column (2) では，Round 2 の迷路の成績や中学二年時の学力調査の IRT スコアなど生徒の能力に関連する変数をコントロールしている．Round 2 は Round 3 のトーナメント参加の意思決定の直前に行われているため，そこでの自分の成績を参照にして生徒が意思決定を行っている可能性が高い．また T-PR は Round 1 から Round 2 の間でどれだけ迷路の正解数が増加したかを表す変数であり，学習速度の変数と解釈できる．より学習速度が速い生徒は，Round 3 で報酬体系を選択する段階で，「もう一度やれば，もっと良い成績が取れる」とトーナメント参加に積極的になるかもしれない．これは Round 1 と Round 2 の迷路の成績を別々に説明変数として加えていることと分析上は同値である．

表 1.4　トーナメント参加の決定要因

	(1)	(2)	(3)	(4)	(5)	(6)
女子ダミー	−0.180***	−0.149***	−0.134***	−0.082**	−0.084**	−0.081**
	(0.034)	(0.036)	(0.036)	(0.036)	(0.035)	(0.036)
T-PR		0.003	0.010	0.011	0.018	0.017
		(0.014)	(0.015)	(0.015)	(0.014)	(0.014)
迷路の成績 (Round 2)		0.037***	0.014	0.013	0.007	0.007
		(0.010)	(0.011)	(0.010)	(0.011)	(0.011)
中二：数学		0.054**	0.041	0.039	0.040	0.041*
		(0.026)	(0.025)	(0.025)	(0.025)	(0.025)
中二：国語		0.027	0.021	0.025	0.028	0.027
		(0.023)	(0.022)	(0.021)	(0.022)	(0.021)
中二：英語		−0.012	−0.013	−0.008	−0.007	−0.010
		(0.025)	(0.025)	(0.025)	(0.025)	(0.025)
順位予想 (Round 1)			−0.051	−0.050	−0.019	−0.013
			(0.032)	(0.031)	(0.032)	(0.032)
順位予想 (Round 2)			−0.123***	−0.092***	−0.094***	−0.099***
			(0.028)	(0.028)	(0.027)	(0.028)
クジの選択				0.059***	0.053***	0.052***
				(0.009)	(0.010)	(0.010)
トーナメント参加 (Round 4)					0.148***	0.151***
					(0.052)	(0.052)
学校固定効果	√	√	√	√	√	√
属性コントロール						√
N	744	744	744	744	744	744

注：この表は従属変数を Round 3 でのトーナメント参加のダミー変数とする回帰分析の
推定結果を表している．全ての分析で学校固定効果を含んでいる．個人属性は生活
保護・就学援助受給世帯，就塾，家族形態，親の就業状況，月齢，兄弟数を含んで
いる．括弧内はロバスト標準誤差；$* p < 0.1$, $** p < 0.05$, $*** p < 0.01$

これらの変数を加えることで，女子ダミーの係数が 18 から 14.9 パー
センテージポイントに減少している．これはトーナメント参加の男女
差のうちの約 3 パーセンテージポイント程度を，迷路の成績や IRT ス
コアなど能力に関連する男女差が説明することを意味している．予想
した通り，Round 2 における迷路の成績が高くなればなるほど，トー
ナメント参加率は有意に上昇する．興味深いのは，中学二年時の IRT

スコアの中で，数学の IRT スコアのみがトーナメント参加に有意な影響を与えているという点だ．これは，数学力と競争選好との間に何らかの関係性があることを予感させる．

Column (3) では，Round 1, 2 における迷路の成績が，トーナメントの三人のグループの中で何位だったかの順位予想に関する変数を加えて，自信に関する変数をコントロールしている．より Round 2 の成績において，順位について高い順位を予想する生徒の方が，トーナメント参加する傾向が高い．結果，女子ダミーの係数が 14.9 から 13.4 パーセンテージポイントに減少し，Round 2 の迷路の成績の統計的有意性が消滅したことが分かる．これは，トーナメント参加に影響を与えるのはトーナメントでの順位に関する自信であって，迷路の成績そのものではないことを意味している．ただし，自信の男女差をコントロールすることによる，女子ダミー係数の減少幅はさほど大きくない．

Column (4) では，さらに Round 5 のクジの選択を加えてリスク選好の変数をコントロールしている．予想と整合的に，よりリスクをとる生徒の方が統計的に有意にトーナメント参加に積極的になることが示されている．注目すべきはここで女子ダミーの係数が約 5.2 パーセンテージポイントと大きく減少している点だ．Buser, Niederle and Oosterbeek (2014) などの先行研究では，トーナメント参加の男女差の大部分は自信の男女差によってもたらされていて，リスク選好がトーナメント参加の男女差を追加的に説明する割合は少ないとされてきた．その意味で，ここでの結果は先行研究とは一線を画す結果といえる．なぜ，このような結果が観察されたかということについては本書の枠を超えるが，日本や欧米の文化的な違いが影響している可能性が考えられる[6]．女性の競争回避傾向は世界各国で共通に観察される現象であるが，そ

---

[6]実際 Falk et al. (2018) において，リスク選好などの行動特性が国ごとに大きく異なることを紹介しており，わが国は全体的にリスクを回避する傾向があることが報告されている．

れをもたらす背後の要因が国や文化によって異なっているかどうかを厳密に検証することは将来の重要な研究課題である.

Column (5) では Round 4 でのトーナメント参加を,Column (6) では親の就業状況,家族形態や生活保護・就学援助受給世帯など属性の情報を加えてコントロールしているが,女性ダミー係数の値はほとんど変わっていない.リスク選好や自信などをコントロールした上でも Round 4 でのトーナメント参加のダミー変数が統計的に強く有意に出ているということは,フィードバック回避などの影響がトーナメント参加の決定要因として無視できない可能性を示唆している.

結論として,女子は能力,順位に対する自信,リスク選好などの男女差の影響をコントロールしても,男子より約 8 パーセンテージポイント統計的に有意にトーナメントに参加しない.これは男女の間に競争自体を好むかどうか,つまり,競争選好の男女差が存在することの傍証となっているといえよう.

1.3 競争選好やリスク選好などの形成要因

Niederle and Vesterlund (2007) において,著者らは競争参加に影響を与える競争選好やリスク選好などの男女差について先天的要因と後天的要因のいずれもが影響している可能性を示唆している.先天的要因とは,長い人類の進化の歴史の中で,女性は競争を避け,男性は競争に積極的になるよう進化を遂げてきたという考え方である.女性は男性と異なり,子どもを身ごもるという性質がある.したがって,女性が競争に参加することは,女性の命だけでなく,子どもの命をも犠牲にしてしまう可能性があるため,種の存続という観点でリスクが大きくなる.一方で,より有能な遺伝子を子孫に引き継ぐためには,男性は競争を通して自らの優位性を女性に示す必要がある.そのため,男

性が競争参加に積極的であるということは進化的に合理的であると考えることができる.

　後天的要因とは，例えば親や学校の先生が性別に応じて子どもの教育方法を変えたり，無意識に別々の選好を身につけさせることで男女に競争参加の違いが生まれるという考え方だ．わが国を含む多くの先進諸国において，競争を好み，リスクに積極的であるという特性は男性規範の一部であると解釈され，女性が競争に参加することのハードルは依然として高いままである．そのような社会環境を見越した上で，小さい頃から親や学校の先生に男性は「男性らしく」，女性は「女性らしく」振る舞うよう躾けされた結果，男女に競争参加傾向の差が生まれてしまったのかもしれない (Doepke and Zillibotti, 2017)．あるいは，身近な大人がそのようなジェンダー規範に従った行動をとっていることを観察することで，子どもがジェンダー規範を内部化しているのかもしれない.

　先天的要因なのか後天的要因なのかを分離することは，科学的興味以上に，女性活躍社会を推進する上での政策的対応が異なってくるという点において重要な問いだ．この問いに対して Gneezy, Leonard and List (2008) は，Niederle and Vesterlund (2007) の実験を，アフリカの父系社会であるマサイ族と，インドの母系社会であるカシ族の各地で行い，マサイ族においては，先進国同様，男性の方が競争参加することを示したが，カシ族においては女性の方が競争に積極的であることを示した．Booth and Nolen (2012a, b) では，より遺伝子レベルで同質なイギリスの中学生を対象に実験を行い，男女共学に通っている女子と，女子校に通っている女子では，女子校に通っている女子の方が競争選好が強く，リスクをとる傾向にあることを示した．Okudaira et al. (2015) ではわが国の高校生や大学生を対象に実験を行い，兄弟姉妹の存在が競争参加に与える影響を検証した．Okudaira et al. (2015) の実験結果によると，姉がいる男性は競争参加を回避する傾向にあるという．これ

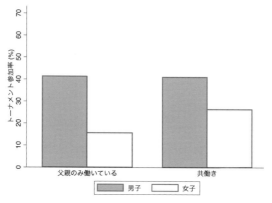

図 1.6　親の働き方別：トーナメント参加率

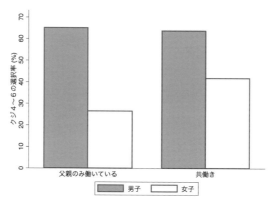

図 1.7　親の働き方別：クジ 4〜6 の選択率

ら一連の結果は，競争選好やリスク選好などの競争参加に影響を与える特性が，後天的な影響を強く受けて形成されることを示している.

　本章での実験データにおいても，後天的要因の影響を示唆する観察が得られたので紹介することとしたい. 図 1.6 と図 1.7 では，本章での実験データを用いて父親のみ働いている家庭の生徒と，共働き家庭の生徒のトーナメント参加率とクジ 4〜6 の選択率を比較している[7]. 男

---

[7]ここでは，片親家庭を分析から除去している.

子はどちらの家庭に属していても全く影響を受けないのに対して，母親が働いていない家庭の女子は，母親が働いている家庭の女子よりも統計的に有意にトーナメント参加率が低く，リスクを回避する傾向にあることが分かった[8]．子どもは親の背中を見て育つというが，「男性は外で仕事をし，女性は家庭で家事や子育てに専念する」といった性別役割分業の下で育つ女子は，競争やリスクを回避するといった女性ステレオタイプ的行動を取りやすくなると考えられる．

　最後に，生活保護や就学援助を受給している世帯の男子は，そうでない男子に比べて統計的に有意にトーナメント参加しない傾向にあることも分かった．この傾向は，様々な変数を考慮に入れて回帰分析を行っても統計的に有意に残る傾向であった[9]．このような傾向は，Almas et al. (2015) がノルウェーの中学生を対象にした実験でも観察しており，その結果と整合的であるといえる．何らかの欠乏状態が個人の意思決定に影響を与えることは Mullainathan and Shafir (2013) を契機に多数の研究が行われているが，経済的に欠乏状態に陥っていることが，競争に参加する意欲も削ぐ可能性がある．第 2 章での分析や後述の先行研究など，競争選好は経済的帰結に直接影響を与えることを考慮すると，女性だけでなく，経済的に厳しい世帯に育った人々に対してどのような政策で競争参加を促すかを研究していくことも重要であると考える．

---

[8]表 1.4 と同様，トーナメント参加のダミー変数を能力，自信，リスク選好などの変数に回帰しても，共働き家庭の女子は約 8 パーセンテージポイント統計的に有意にトーナメントに参加する傾向にある．これは，母親が働いているところを見て育つ女子は競争選好が強くなることを示唆している．

[9]女子についても同様の傾向が観察されたが，女子は統計的に有意な減少ではなかった．またリスク選好については男女ともにそのような傾向は観察されなかった．

1.4 まとめ

Niederle and Vesterlund (2007) の論文は，非常にインパクトの大きい論文であり，様々な年代・国籍の被験者を対象にその後世界中で追試実験が行われた[10]．この論文がここまで大きな影響力を持ち得た理由は，女性活躍推進という世界的な機運の高まりもさることながら，競争を規範とする近代経済学の思想に一石を投じるものであったということも大きい．

本章では，ある県の公立中学生を対象に実施した Niederle and Vesterlund (2007) の追実験を説明し，わが国の中学生を対象にしても，女子は男子に比べて競争を回避する傾向にあることを示した．女子は男子に比べ，そもそも競争が好きではないし，リスクを回避したいと考えている．本章では，女子のこのような傾向が後天的要因の影響を強く受けていることを示した．わが国において，「男性は外で仕事をし，女性は家庭で家事や子育てに専念する」といった性別役割意識は未だ根強い．親や学校の先生が，そのような意識に基づいて子どもを育てることになれば，男子は「男性らしく」，女子は「女性らしく」振る舞うように選好が形成されることとなる．あるいは，身近な大人がジェンダーステレオタイプ的に行動しているところを観察した子どもが，自らも自然にそのように振る舞うよう選好が形成されるのかもしれない．

では，実験室で観察される競争選好やリスク選好などの男女差は，実験室を離れた現実の世界で観察される何らかの男女差と関係があるのだろうか．また，女性が「女性らしく」振る舞うことは，女性を男性より現実世界で常に不利にするものなのだろうか．第2章では，この問題を考えていくこととする．

---

[10]2019 年現在，Google Scholar Citation による被引用件数が約 2500 件に達している．

第2章　競争選好とリスク選好の男女差と数学力の男女差の関係性について

　多くの親が子どもの学力を気にかけているように，経済学者も子どもの学力水準に大きな関心を寄せている．経済学における学力は，人的資本を測定する指標の一種であると考えられている．土地や機械などの物的資本と同様，知識や能力などの人的資本は，生産活動に付加価値を与える重要な要素であるとされている．より多くの人的資本を積み重ねた個人は，労働市場賃金という形でその対価が支払われ，豊かな生活を送ることができる．また，人的資本は技術革新（イノベーション）を引き起こす原動力となり，一国全体の経済成長にも寄与しうる．このような観点から，一国の教育制度をどのように設計し，いかに効率的な学力形成を促すかは，いうまでもなく資源配分を研究する経済学における重要なテーマの一つなのである．

　なかでも，ジェンダーとの関連で教育を議論するとき，必ずといって良いほど話題にのぼるテーマが「数学力の男女間格差」についてだ．「女子は男子に比べて，数学が苦手である」とは多くの人が抱くステレオタイプだが，それは主要先進国で長年継続的に観察されてきた事実である．経済協力開発機構（OECD）が2015年に日本を含む72の国と地域で実施した学力テストにおいては，OECD加盟国35ヶ国中28ヶ国において男子の数学の成績が女子のそれを上回っている．わが国においては特にその傾向が顕著で，わが国の数学テストスコアの男女差はOECD平均よりも二倍近く大きい (OECD, 2017).

　一方，国語や英語などの他の科目においては，女子の方が男子よりも成績が良くなる傾向があるということも知られている．その観点で

いえば，数学において女子が男子よりも多少成績が悪くなるということが，どうしてそこまで重要なのかという疑問も湧いてくるかもしれないが，その理由は，国語や英語など他の科目に比して，数学力は労働市場と強い結びつきがあるからである．Joensen and Nielsen (2009, 2016) では，1980 年代にデンマークの一部の高校において，試験的に高等数学の受講資格を緩和した政策を評価した．すると，高等数学の受講資格を得た女子は，その後収入の高い技術系の就職をする割合が高く，企業の管理職になる確率も高くなることが明らかになった．さらに，この研究の対象になった個人間では男女間の賃金格差が 34％ もあったが，その約 20％ 程度が高等教育における数学の受講の差によって説明できることを示した．このように，女子がより高度な数学に触れ，高い数学力を身につけることは，労働市場における男女間格差を解消し，女性活躍社会の実現に大きく寄与する可能性がある．また，近年の数学力に裏打ちされた情報テクノロジーの進展が，一昔前までは考えられないような経済取引を可能にし，いまでは各個人が SNS を利用することで気軽に自己の保有する様々な商品を国境を超えて取引している．一国の数学力は，今や経済成長やイノベーションを引き起こす上で，特に重要な人的資本であると考えることができる (Hanushek and Kimko, 2000; Jamison, Jamison and Hanushek, 2007).

　本章は，第 1 章で記したある県の一つの自治体に属する公立中学校の二年生を対象に実施された経済実験のデータを用いて，競争選好やリスク選好の男女差が，数学力の男女間格差の形成にどのように関連しているかを検証した Yagasaki and Nakamuro (2018) に基づいている．競争選好やリスク選好は，生徒の学習行動を通して教育成果に関連している可能性がある．例えば，より競争選好が強い生徒は同級生と切磋琢磨し学力の競争にコミットしているかもしれない．その場合，より競争選好の強い生徒は学力が形成されやすくなるはずだ．他方で，教育が将来への投資でリターンが不確実である点を踏まえれば，よりリ

スク中立的な生徒の方が学習に積極的で教育成果が大きくなるかもしれない．もしくは教育がある種の保険機能を有するのであれば，リスク回避的な個人の方が学習に積極的になる可能性もある．これら教育成果に影響を与える様々なメカニズムが考えられる中で，これらの行動特性が教育成果とどのように結びついているのかは，データを用いて実証的に決着をつける必要がある．特に，競争選好やリスク選好が男女で違いのある行動特性であることを考慮すると，これら行動特性の男女差が数学力の男女間格差と何らかの関連を持つことが観察されるかもしれない．

次節の 2.1 節では，競争選好やリスク選好が現実世界の帰結とどう関連しているかの先行研究を概観し，本章での研究の学術的な位置付けを明確にする．2.2 節では，競争選好やリスク選好などの行動特性と数学力の形成との関係を分析し，競争選好が強いことは数学力の形成に正の影響を与える一方で，リスク選好が強いことは数学力の形成に負の影響を与えることを示す．2.3 節では，本章での結果で考えられるメカニズムや議論すべき点などについて整理する．2.4 節では，本章を総括する．

2.1　先行研究

実験室での被験者の経済行動が実際の経済行動や帰結を説明するのかどうかという問題は，経済実験の外延妥当性 (external validity) の問題として，Ashraf, Karlan and Yin (2006) を契機にアクティブな研究が行われている．実験室で測られた競争選好とリスク選好が，現実の競争環境への参加行動や帰結に対して説明力を持つかどうかについても，近年着実に成果が積み重なってきている．

Buser, Niederle and Oosterbeek (2014) では，オランダの中学生を対象

に，競争選好やリスク選好などの行動特性と，理系文系の進路選択との関連を分析した．オランダでは高校進学の際に理工系，医療系，社会科学系，人文科学系の四つの専攻から一つを選ぶ必要があり，対象となった中学校では男子は 40％が理工系を選択するのに対し，女子は 17％と男女間で進路選択に大きな違いがみられた[1]．結果，より競争を好み，よりリスクをとる傾向にある生徒は，数学的に高度な能力を要求する理工系や医療系へ進学する確率が高かった．オランダの中学生の男女間に存在する進路選択の違いのうち，33％程度が競争選好とリスク選好の男女差によって説明できることを示した．競争選好とリスク選好がより競争的なキャリアを選択することに影響しているという点は，Zhang (2013), Buser, Peter and Wolter (2017) でも同様に確認されている．

Reuben, Sapienza and Zingales (2015) はシカゴ大学の MBA 学生を対象に実験を実施し，競争選好が卒業後の賃金に影響していることを示した．彼らの推定では，対象となった被験者の間に存在した賃金の男女間格差の 10％程度が競争選好の違いによってもたらされていることを示している．シカゴ大学の MBA に進学するような，世界的エリート層に対象を限定したとしても，競争選好が労働市場の帰結に影響を及ぼすという点は興味深い．

本章の研究は，Buser, Niederle and Oosterbeek (2014) で対象となった理数系キャリアに進学するための前提能力となる数学力の形成に焦点を当てている．そもそも理数系キャリアに進学したくても，それに見合うだけの数学力が形成されていなければ意味がない．その意味で，本研究は Buser, Niederle and Oosterbeek (2014) と補完的な研究であるといえる．また前述の通り，数学力は将来の賃金にも直接的に影響を与える能力である (Joensen and Nielsen, 2009; 2016)．そのため，数学力

---

[1]これはオランダの平均的な傾向と大体同じである．

の男女間格差の解明は，将来の労働市場における男女間格差の解明に
も大きく寄与しうる．

2.2　回帰分析

　本節では，競争選好やリスク選好などの行動特性と数学力の形成と
の関係を調べ，これら行動特性の男女差が数学力の男女差とどのよう
に関連しているかについて分析する．

　表 2.1 は，中学三年時の数学の IRT スコアを従属変数とし，トービッ
ト回帰分析を行った推定結果を表している[2]．Column (1) は，女子ダ
ミー変数と個人属性をコントロールした結果である．ここでは，女子
ダミー係数は負であり女子の方が男子よりも数学の IRT スコアが低い
ことを示唆しているが，統計的に有意な結果ではない．その意味で，本
研究の対象になった自治体の生徒についていえば，調査時点で数学力
の男女差はさほど大きくないといえる．

　ただ，これが必ずしも数学力の「形成」に男女差がないことを意味
していない．数学力の形成に男女で違いがあるかをより細かく見るた
めには，ある時点で同じような学力水準だった男女が，一定期間を経
て数学の学力水準が異なっているかどうかを見れば良い．前述の通り，
分析で使用しているある県の学力調査は生徒の IRT スコアを毎年度調
査するパネルデータである．ここでは，中学二年時の学力水準をコン
トロールした上で，中学三年時の学力水準が男女で異なっているかど
うかを分析する[3]．

---

　[2]トービットモデルを使用する理由は，前述の IRT スコアが満点をとった生徒に対し
て定義されないという問題に対処するためである．

　[3]このような推定モデルは付加価値モデル (value-added model) と呼ばれるが，教育の
生産関数の推定に伴う複雑な内生性に対処する最も簡便なモデルとして知られている．
ただし，内生性が完全に除去されるためには，厳密には比較的強い仮定を要する．詳し
くは Todd and Wolpin (2003) 参照．

Column (2) がその結果だ．結果が示す通り，女子ダミー係数は統計的に有意に負の値を示している．これは，男女で中学二年時の数学・国語・英語の学力水準が同じであったとしても，中学三年時には数学の学力水準が男子よりも女子の方が低くなることを示唆している．表 2.1 が示す通り，IRT スコアにしてその差は約 0.12 になり，これは偏差値に換算すると約 1.2 に相当する．つまり，女子は男子に比べて数学の成績が「伸び悩む」のだ．

では，なぜそのような男女差が観察されるのだろうか．本章での仮説は，その背後に男女の特性が関係している可能性があるということだ．男女で特性に違いがあるとすれば，ある時点で学力水準が同じだったとしても，一定期間のうちに特性の違いを反映して学習行動が異なってくるだろう．その学習行動の違いを反映して，数学力の男女間格差が形成されるのかもしれない．Column (3) では，経済実験によって得られた生徒の特性を加えて分析を行っており，Column (4) と (5) においてはそれを男女別に行っている[4]．表 2.1 に示されている通り，中学二年時の数学・国語・英語の学力水準が同じような生徒であったとしても，Round 3 においてトーナメントに参加する生徒はそうでない生徒に比べて，中学三年時の数学の学力水準が統計的に有意に高くなることが分かる．同様に，Round 5 でより大きな番号のクジを選択する生徒の方がそうでない生徒に比べて，数学力が統計的に有意に低くなる傾向が見て取れる．この傾向は男女ともに統計的に有意に観察される傾向で，係数も男女であまり差異がない．つまり，競争選好が強く，リスク回避的な生徒であればあるほど，男女ともに数学の成績が「伸びやすい」ということを意味している．

男性の方が競争選好が強いことを考慮すれば，競争選好が強い生徒の方が数学力が伸びる傾向にあるというこの結果は，数学力の男女間

---

[4]表 2.1 には示されていないが，表 1.4 で含まれていた迷路の成績などの他の変数も説明変数として加えて分析を行っている．

表 2.1　数学と生徒の特性

	(1) 全サンプル	(2) 全サンプル	(3) 全サンプル	(4) 男子	(5) 女子
女子ダミー	−0.064 (0.078)	−0.119*** (0.046)	−0.109** (0.049)		
トーナメント参加 (Round 3)			0.130** (0.056)	0.120* (0.071)	0.157* (0.090)
順位予想 (Round 1)			−0.018 (0.043)	−0.068 (0.057)	0.001 (0.069)
順位予想 (Round 2)			−0.077* (0.039)	−0.048 (0.054)	−0.093 (0.057)
クジの選択			−0.033** (0.014)	−0.038** (0.019)	−0.037* (0.022)
トーナメント参加 (Round 4)			−0.029 (0.062)	−0.111 (0.084)	0.048 (0.093)
中二：数学		0.683*** (0.036)	0.663*** (0.037)	0.597*** (0.051)	0.727*** (0.052)
中二：国語		0.054* (0.032)	0.046 (0.032)	0.079* (0.047)	0.017 (0.043)
中二：英語		0.229*** (0.034)	0.225*** (0.033)	0.244*** (0.046)	0.203*** (0.047)
学校固定効果	√	√	√	√	√
属性コントロール	√	√	√	√	√
N	744	744	744	345	399

注：この表は従属変数を中学三年時の数学の IRT スコアとするトービット回帰分析の推
定結果を表している．全ての分析で学校固定効果と生活保護・就学援助受給世帯，
就塾，家族形態，親の就業状況，月齢，兄弟数の個人属性を含んでいる．括弧内は
ロバスト標準誤差；* $p < 0.1$, ** $p < 0.05$, *** $p < 0.01$

格差の背後に競争選好の男女差が影響している可能性を示唆している．
これに対して，Buser, Niederle and Oosterbeek (2014) では，数学の学力
水準が同じだったとしても，競争選好が強い生徒はそうでない生徒に
比べて理数系キャリアを選択しやすいという傾向があることを示して
いる．これらの結果をまとめると，女性が競争を嫌うという傾向は，理

数系キャリア選択におけるそもそもの前提能力となる数学力の形成を阻み，仮にその能力が十分であったとしても，理数系キャリアが「競争的」であるという事実によって忌避されてしまうという二重の経路で女性の理数系キャリアへの参入を妨げているということになる．これは由々しき問題である．

　一方で，リスクを回避する生徒の方が数学力が伸びるということから，女子が男子に比べてリスクを回避するという特性の男女差は，数学力の男女間格差を縮小する方向に寄与していることになる．さらに，この結果は Buser, Niederle and Oosterbeek (2014) の理数系キャリア選択の結果とは対照的だ．彼らは，リスクを回避する生徒は，理数系キャリアの選択を回避する傾向にあることを示している．ゆえに，女性のリスクを回避するという傾向は，数学力の形成に正に寄与して理数系キャリアへの前提能力を整える一方で，理数系キャリア選択を回避させてしまうため，女性の理数系キャリアへの参入を促進する上で白黒つけがたい特性ということになる．

　また，リスクを回避するという「女性らしい」特性が数学力の男女間格差を縮小することに寄与しているという事実は，女性活躍社会の実現へ向けて女性を「男性らしく」することが必ずしも良いということではないということを示唆するという意味で重要な結果だ．女子の競争選好を強くして「男性らしく」すれば，女子の数学力の形成は促進されるかもしれない．しかし，リスクに対して積極的になるという意味でも「男性らしく」なれば，数学力の形成は再び抑制されてしまい，数学力の男女差の縮小には繋がらない．表 2.1 の Column (2) と (3) を比較すれば，実験から得られた男女間の特性をコントロールした際の女子ダミー係数の減少幅は無視できるほど小さい．実際 Yagasaki and Nakamuro (2018) においては，Bootstrap 法によって係数の減少幅が統計的に有意ではないことを示している．その意味で，現実に観察される数学力の男女間格差は，男女の特性の男女差以外の要因に依るとこ

ろが大きいと結論づけることができる．今後さらに研究を進め，さらなる原因究明に努めていかなければならない．

Yagasaki and Nakamuro (2018) では国語や英語の学力形成への影響も検証していることにも触れておこう．興味深いことに，競争選好やリスク選好などの影響は，国語や英語には観察されなかった[5]．

2.3　議論

なぜ競争選好が強く，よりリスク回避的な生徒の方が，数学の学力水準が高くなる傾向にあるのだろうか．そしてなぜこの傾向は数学のみに観察され，国語や英語には観察されなかったのだろうか．これらの背後のメカニズムについては，因果関係の方向性や結果の頑健性も含めて，今後データに基づく注意深い検証が必要である．本節では，考えられる仮説や潜在的に懸念されるバイアスの可能性などを整理することとする．

2.3.1　競争選好

競争選好と数学のテストスコアとの間に関連がある可能性は，本研究が初めて指摘するものではない．最初に指摘したのは，NV 実験の生みの親らによる Niederle and Vesterlund (2010) であり，本研究の結果は彼女らの指摘と整合的な結果を示している．Niederle and Vesterlund (2010) では，数学という科目が，国語や英語などの科目に比べて，「競争的」な要素が強いことに注目している．例えば，数学の解答は往々にして「正解」か「不正解」に二分されるものであり，競争における「勝つ」か「負ける」かという構造と類似している．より競争が好きな生

---

[5]厳密には女子において競争選好が国語の成績に影響することが観察された．しかし，数学と異なり，男女で安定的に観察される傾向は国語と英語ではなかった．詳細はYagasaki and Nakamuro (2018) 参照のこと．

徒は，このような構造の類似性から数学に対する選好が強い可能性が
ある．

　関連して，数学力は将来の労働市場における賃金を強く予測すると
いう観点から，他の科目に比べて将来の社会階層との結びつきが強い
(Joensen and Nielsen, 2009; 2016)．将来的に高い賃金を稼ぐことで，労
働市場における「勝者」になることを志す生徒は，他の科目よりも数
学に対して積極的に投資を行っている可能性も考えられる．

　また，本研究の実験において用いられた迷路というタスクが，男性ス
テレオタイプ的タスクであることも関連していると思われる．競争選
好はタスクに依存する性質を持つことが，先行研究において確認され
ている (e.g., Shurchkov, 2012)．したがって，より厳密に述べれば，我々
の測定した競争選好は「男性ステレオタイプ的タスクにおける」競争
選好ということになる．もし競争選好が，同級生との学力の競争を通
して学力形成を促進するのであれば，男性ステレオタイプ的なタスク
において競争選好の強い生徒は，男性ステレオタイプ的な科目である
数学にその影響が顕著に現れるのは自然な観察であるといえるかもし
れない．

2.3.2　リスク選好

　経済学的に教育が「投資」である点を踏まえればリスク選好と教育
の帰結とは関連しているはずである．もし教育が将来の所得変動に対
する「保険」としての機能を有するのであれば，リスクを回避する生徒
ほど学力形成に積極的である可能性がある．さらに Barsky et al. (1997)
によれば，リスクに対して寛容な態度を示す人は，経済的リターンが
高い投資に積極的になる一方で，タバコや飲酒などの健康リスクを増
大させるような行動をとる傾向にあることが確認されている．多感で
様々な危険な誘惑に晒されている中学生が，リスクにより積極的にな
ることは，タバコ，飲酒あるいは性交渉など，将来を犠牲にする危険

な行動に走らせてしまう可能性がある. あるいは, 試験勉強で安易に
ヤマを張ったり, 試験前に病気になって勉強ができなくなるリスクを
回避して早めに準備を始めるなどの学習戦略を取らない結果, リスク
回避的な生徒に比べてリスクに積極的な生徒は教育成果が伸び悩む可
能性も考えられる.

　このように, リスク回避的な生徒の方が学力が伸びる傾向にあるこ
とを正当化するメカニズムは様々考えらえるが, なぜ数学にのみその
傾向が観察されたのだろうか. これも数学と将来の労働市場賃金との
結びつきが強いという事実と関連している可能性がある (Joensen and
Nielsen, 2009; 2015). もし, 数学に投資することが, 国語や英語より
も「確実な」将来の経済的リターンをもたらすのであれば, リスクを
回避する生徒は時間配分の観点で数学に集中的に投資することが最適
な行動になる. また, 数学が将来の所得変動を最小化するという意味
で他の科目よりも保険的機能が強い場合も同様のことがいえるだろう.
これらのメカニズムはあくまで可能性の範疇を出ない. 厳密なメカニ
ズムの検証は本研究の枠を超える. 近年, 人々が抱いている主観的信
念を計測し, 進路選択など実際の行動との関連を調べる研究が盛んに
行われ始めている. 上記のようなメカニズムの検証は, 中学生や高校
生がそれぞれの科目に対する将来のリターンや機能についてどのよう
な主観的信念を形成しているのかというデータを収集することで可能
になるだろう (Manski, 2004). これは将来の重要な研究課題である.

2.3.3 懸念すべき点について

　最後に, 本研究で示された競争選好やリスク選好が数学力の形成に
与える影響について, 先行研究から懸念される点について整理し, 結
果の信頼性について議論する. まず, 多くの先行研究においてより認知
能力の高い個人ほどリスク中立的になる傾向が報告されているが (e.g.,
Burks et al. 2009; Dohmen et al. 2010; Benjamin et al. 2013), これら

先行研究の結果は，本研究の結果の信頼性に影響を与えないと考えられる．

第一に，本研究は学力の「形成」という，後天的に蓄積される認知能力に焦点を当てている一方で，先行研究はどちらかといえば先天的な認知能力 (innate ability) との関係を検証している点に違いがある．先行研究が示唆するように，もし先天的な認知能力とリスク回避度が負に相関をしているのであれば，リスク選好の係数の推定値は正の方向にバイアスが生じる可能性がある[6]．したがって，本研究の推定結果が絶対値の意味で過小に評価されている可能性はあるとしても，リスク回避的であることと数学の学力形成が正に相関しているとする結果に影響を与えるものではない．

第二に，上記の先行研究におけるリスク選好の測定方法に問題がある可能性が考えられる．例えば，Andersson et al. (2016) においては，リスク選好測定の質問項目の作り方に応じて，リスク回避度と認知能力との相関がポジティブにもネガティブにもなり得ることを示している．Andersson et al. (2016) では，認知能力と相関をもつのは選択ミスであり，前述の先行研究においてはリスク回避的なドメインに選択肢が集中した形で質問紙が作成されているため，より認知能力の低い個人はリスク回避的な領域で選択ミスを起こしやすいと主張している．我々のリスク選好の測定方法においても，リスク回避的な領域に選択肢が集中していることに注意しよう．表 1.1 の対応する CRRA パラメータに示されている通り，六つの選択肢の中のうち四つの選択肢でリスク回避的な選択肢 (CRRA の値が正) となっている．もし Andersson et al. (2016) の指摘が正しいとすると，より認知能力の低い生徒ほどリスク回避的な選択肢に選択ミスを犯すはずだ．したがって，やはりこのような可能性を考慮したとしても，推定値が正にバイアスがかかり絶対

---

[6]ただし，これらの innate ability との相関についても，付加価値モデルの下での推定においては最低限コントロールされていることに注意されたい．

値の意味で過小に評価されていることはあっても，リスク選好と数学力に関する本研究の結論を覆すものではない．したがって，認知能力の高い個人ほどリスク中立的になる傾向にあると主張する一連の先行研究の結果は，本研究の結果の信頼性に影響を与えないと筆者は考えている．

　次に，競争選好やリスク選好の変数が他の行動特性と相関し，推定結果にバイアスが生じている可能性を考える．例えば Sutter et al. (2013) では，オーストリアの小学生から中学生を対象に実験を実施し，リスクを回避する傾向にある生徒は，将来の利得をあまり割り引かないという意味で「忍耐強い (patient)」傾向にあることを報告している．このような生徒の時間割引率は，学力の形成と大いに関係があるだろう．学校で勉強したことが将来何らかの形で身を結ぶ日まで，生徒は忍耐強く勉強する必要があるからだ．本研究では，残念ながら，時間割引率を計測する実験を行っていない．しかし，質問紙調査において仮想的状況を想定した質問項目を用意し，時間割引率の測定を行っている．この仮想質問を利用した分析によると，Sutter et al. (2013) で観察された通り，生徒の忍耐強さとリスク回避傾向は強く相関していた．同時に，忍耐強い生徒は競争選好が強いという（弱い）相関関係も観察された．ただ，これらの仮想質問に基づく時間割引率の変数をコントロールして回帰分析を行ったとしても，競争選好とリスク選好が数学力に与える影響についての結論は変わらない．その他，質問紙調査において収集した様々な変数をコントロールしても本研究の推定結果は影響を受けない．ゆえに，結果の信頼性は高いと考えられる．

2.4　まとめ

　本章では，競争選好やリスク選好の男女差がもたらす数学力の男女間格差への影響について，Yagasaki and Nakamuro (2018) での結果とその拡張的な議論を展開した．競争選好が強いという特性は数学力の形成に正の影響を与える一方で，リスク選好が強いという特性は負の影響があることが示された．本章で示された通り，男子は女子よりも競争選好が強く，女子は男子よりもリスクを回避する傾向がある．ゆえに，前述の結果と合わせると，競争選好の男女差は数学力の男女間格差を拡大する要因になってしまうが，リスク選好の男女差は数学力の男女間格差を縮小する方向に寄与することがわかった．筆者が女性活躍社会実現へ向けて特に重要な示唆を与えていると考えるのは後者の点であり，必ずしも女性が「男性らしい」特性をもつことがあらゆる男女間格差を縮小するわけではないということを意味している点だ．

　兎角，女性活躍を促進しようとする観点から，女性も「男性のように振る舞う」ことが推奨される傾向が一部に存在する[7]．女性が男性のように振る舞「える」ようになることは重要なことであるが，競争選好やリスク選好に限らず，様々な特性がそれぞれどのように教育や労働市場の帰結に影響を与えているかという科学的な検証なしに，女性が男性のように振る舞う「べき」であるとするのは危険だ．特に，そのようなことを意図して比較的若年期に行われる政策介入は不可逆的で，影響が長期に及ぶことが予想される．本章での研究結果は，そのような政策介入が，そもそも女性が男性に比して有している優位性までをも失わせてしまうかもしれないということを示している．この点は，今後の女性活躍社会実現へ向けた政策を考える上で，十分に認識しておく必要があるだろう．

---

[7]第 3 章で紹介するシェリル・サンドバーク著「LEAN IN」など.

　では，女性の特性に直接的に影響を与えることなく，女性活躍社会を推進するにはどのような政策介入が有効なのだろうか．最終章となる第 3 章では，そのような問いを考えていくこととする．

第3章　女性の積極的競争参加を促す には？

　Facebook COO であるシェリル・サンドバーグは，著書「LEAN IN」の中で，女性がより野心的になり，あらゆる局面において女性が勇気を持って「一歩踏み出す」ことの重要性を説いた．彼女の力強い言葉に世界中の読者が魅了され，「LEAN IN」はたちまち大ベストセラーとなったことは記憶に新しいが，果たして女性自身が変革をすることでしか社会を変えることはできないのだろうか．

　そもそも，女性が一歩踏み出すことに「勇気」を要するのは，女性が一歩踏み出すことの社会的コストが男性に比べて大きいからだ．21世紀を迎えた現在においても，「男性は外で仕事をし，女性は家庭で家事や子育てに専念する」といった価値観は，日本やアメリカを始めとする先進諸国に根強く残る性別役割意識だ．このような性別役割意識が残る社会において，女性が企業で野心的な姿勢を見せ，昇進競争に積極的に参加することは，「女性らしくない」と周囲に認知され，結婚や交際市場での自分の立ち位置を悪くしてしまう可能性がある．実際，Bursztyn, Fujiwara and Pallais (2017) では，ハーバード大学のビジネス・スクールに所属する MBA の学生を対象にキャリアに関するアンケート調査を実施し，女性がクラスメートにアンケートの結果が公開されるとアナウンスされると，野心的で「男性らしい」と思われるような回答を控えることを示した．この傾向は独身女性にのみ観察され，既婚女性には観察されなかったことを通して，結婚を望む女性は「女性らしく」振る舞わざるを得ない社会的圧力があることを明らかにした．Fisman et al. (2006) では大学生を対象にした男女の「合コン」パーティーを開

催し，パートナーに対する好みに関するデータを用いて，男性が野心的な女性を好まない選好を有していることを直接示している．

　結婚や交際市場以外でも，女性がジェンダー規範から乖離して「女性らしくない」行動をとることは労働市場において何らかの軋轢を生んでしまうかもしれない．男性中心のリーダーシップ像が確立しているなかで，女性が昇進し，指導的なポジションに就けば，周囲から冷ややかな目で見られ，同僚から差別的な扱いを受けたという事例は後を絶たない．女性がこのような「社会の目」に負けることなく，誰もが「LEAN IN」できるのであれば良いが，人はそんなに簡単に変われないし，社会という大きな壁を前に立ちすくんでしまった女性に「強くなれ」というだけでは状況を決して変えることはできないだろう．また，第2章で論じたように，女性が「女性らしい」特性を持つことは必ずしも女性の立場を不利にするものばかりではない．女性一人一人が自らを大幅に変えることなく，ありのままの自分で社会の中でリーダーシップを発揮できるよう，女性活躍推進の「仕組み」をデザインすることが望ましい (Bohnet, 2016).

　本章では，Yagasaki (2019) に基づき，女性が競争に参加することを「女性らしくない」とするジェンダー規範が存在する社会において，どのように女性の競争参加を促していくべきかについて論じる．Yagasaki (2019) では，女性の競争参加が「女性らしくない」という社会的イメージを周囲に与えることを考慮し，女性が競争に参加することに伴って負担する社会的イメージのコストを軽減することを踏まえた介入政策をデザインすることの重要性を説いている．先行研究において盛んに研究されてきた介入政策は，女性を優遇するアファーマティブ・アクションの効果だ．Niederle, Siegle and Vesterlund (2013) や Balafoutas and Sutter (2012) では，NV 実験を用いてクオータ制などの女性を優遇するアファーマティブ・アクションの導入が，女性の競争参加に与える効果や，逆差別に基づく効率性への影響について検証を行っている．こ

れらの研究ではアファーマティブ・アクションが女性の競争参加を促す上で有効であると同時に，効率性への影響は無視できるほど小さいと述べている．しかし，女性を優遇するアファーマティブ・アクションは，男性を競争上不利にするという性質上，不公平感に伴う様々な問題が起こる可能性が指摘されている (Mollerstrom, 2014; Leibbrandt, Choon and Cordelia, 2017)．これらに加えて本章では，女性を優遇するアファーマティブ・アクションは，競争に参加する女性が負担する「女性らしくない」という社会的イメージのコストを軽減する上で限定的な効果しか持ち得ないことを論じ，周囲に行動が観察される状況においてはアファーマティブ・アクションの有効性が失われる可能性を指摘する．さらに，女性が「女性らしくない」と思われることなく競争参加が可能となる政策として，競争環境に慈善活動に参加する機会を付与するなど，向社会的インセンティブを導入することの効果を検証する．

　次節の 3.1 節では，東京大学の大学生，大学院生を対象に行われた Yagasaki (2019) の実験概要を説明する．3.2 節では，女性の競争参加に与える社会的イメージの影響について，本章での仮説を整理する．3.3 節では仮説と実験結果との整合性について論じる．3.4 節では，本章での結果を踏まえた上で，具体的にどのように女性の競争参加を促していく政策を考えていくべきなのかを総括する．

3.1　実験概要

　実験は東京大学の大学生，大学院生を対象に 2016 年の 11 月，12 月に東京大学本郷キャンパスにて全 10 回のセッションが実施された．被験者の募集は Twitter・Facebook やチラシで行い，参加希望者からランダムに抽選し，最終的に 188 名の東京大学の学生が参加した．被験者

は合計 105 分の実験に参加し，報酬として 4000 円の参加報酬に加え
て，平均 2000 円程度の成果報酬を得ること，後日改めて報酬を受け取
りに来る必要があることが伝えられていた[1].

　被験者は教室の指定された位置に着席するよう指示され，調査員二
人の立ち会いのもとに実験に参加した．実験の進行は，先頭に立った
調査員が実験内容を口頭で説明するとともに，それぞれラウンド毎の
ルールなどを被験者が黙読するかたちで行われた．質問がある場合は，
静かに手をあげ，調査員が適宜被験者の質問に個別に答えた．

3.1.1　実験内容

　実験デザインは Niederle and Vesterlund (2007) のデザインを基礎とし
ている．被験者はそれぞれのラウンドで異なる報酬体系のもとで図 1.1
のような迷路を 3 分間で出来るだけ多く解くよう指示され，解けた迷
路の数に応じて報酬を得た．最初に 3 分間の練習を行ったのち，被験
者は 5 ラウンドの実験に参加した．

　Round 3 から 5 では，被験者に歩合制とトーナメント制のうち好き
な報酬体系を選択してもらい，選択した報酬体系の下で迷路を解いて
もらう．それぞれのラウンドにおいて，トーナメント制のルールが異
なり，それぞれのルールのトリートメントに応じてトーナメント参加
率がどのように変化するかを検証する．被験者に提示されるトリート

Round 1　（歩合制）

被験者は 3 分間で出来るだけ多くの迷路を解くように指示される．
このラウンドでは，迷路 1 問解けるごとに 50 円獲得できる．

---

[1]参加報酬が先行研究と比して比較的高めに設定されている理由は，本章での実験の
後に別のプロジェクトの実験に被験者が参加し，報酬は二つの実験への参加報酬として
支払われたためである．

Round 2 （トーナメント制）

被験者は 3 分間で出来るだけ多くの迷路を解くように指示される．このラウンドでは，被験者は男性 3 名・女性 3 名の合計 6 人 1 組のグループにランダムに振り分けられることが伝えられる[a]．このグループの中で，迷路の成績が上位 2 位になった場合のみ，迷路 1 問あたり 150 円獲得できる．3 位以下の場合は報酬を獲得できない．

[a]グループは，実験参加者の中からランダムに選ばれ，誰と一緒になっているかは伝えられない．

メントの順番が意思決定に影響を与えることをなるべく排除するため，トリートメントの順番は被験者ごとにランダムに提示された．

　以後，それぞれのトリートメントを **B, AA, PRO** と表記して議論を進める．まず **B** は歩合制とトーナメント制の単純な選択である．**AA** では，成績に加点することで女性を優遇するアファーマティブ・アクションを再現している．**PRO** は，男女ともに成績上平等に扱うが，トーナメント制に参加することで慈善団体への寄付が可能になるという，向社会的なインセンティブを競争環境に付与している．それぞれのラウンドのトーナメント参加率を比較することで，女性を優遇するアファーマティブ・アクションや向社会的インセンティブを導入することが女性のトーナメント参加にどのような影響を与えるかを検証する．

　これに加えて，被験者はセッション毎に非公開条件と公開条件の異なる環境下にランダムに割り振られた．非公開条件では，通常の実験と同様，被験者の Round 3 から 5 までの報酬体系の選択の意思決定は誰にも公開されることがないと知らされた．他方で，公開条件では被験者の報酬体系の選択は同じセッションに参加している被験者に公開されることが知らされた．

┌─ Rounds 3–5 ────────────────────────────────

Baseline Treatment (B)

歩合制とトーナメント制の報酬体系を選択することができる．歩合制を選んだ場合，迷路1問解けるごとに50円獲得できる．トーナメント制を選んだ場合，被験者は自分の迷路の正解数が，グループの他の5人のメンバーのRound 2における正解数と比較して，上位2位になった場合のみ，迷路1問ごとに150円獲得できる．3位以下の場合は報酬を獲得できない．

Affirmative Action Treatment (AA)

歩合制とトーナメント制の報酬体系を選択することができる．ただし，トーナメント制を選んだ場合，女性のみに迷路の成績に1ポイント自動的に加算される．歩合制を選んだ場合，男女ともに迷路の成績に加算されない．この修正されたスコアリングルールを考慮の上，被験者は報酬体系の選択をする．

Prosocial Incentive Treatment (PRO)

歩合制とトーナメント制の報酬体系を選択することができる．ただし，トーナメント制を選んだ場合，トーナメントに勝利した時の迷路1問あたりの報酬150円のうちの好きな額を慈善団体に寄付することができる．歩合制を選んだ場合，寄付はできない．このルールの下で，被験者は報酬体系の選択をする．

└──

このように被験者に公開される情報に関して環境を変えるのは，トーナメント参加などの意思決定が周囲の目に晒され，被験者が自らの社会的イメージを気にするようになったときどのような影響を受けるか，また社会的イメージの影響がアファーマティブ・アクションや向社会的インセンティブの導入によってどのように変化するかを検証するた

┌─ 情報公開条件 ───────────────────

非公開条件：被験者の Round 3 から 5 までの選択を誰にも公開しないグループ.

公開条件：被験者の Round 3 から 5 までの選択を同じセッションに参加した被験者に公開するグループ.

└────────────────────────────────

めである[2].

　なお，**PRO** において被験者がトーナメントに参加した場合，慈善団体への募金額も公開するとした. 理論的には，もし募金額が公開されなければ，募金をする意思がない被験者もあたかも募金をする意思があるかのように振る舞うことができるだろう. このような状況をあらかじめ排除しても，**PRO** が効果的なのかを検証することで，保守的な効果に着目することができる. また公開されたのは Round 3 から 5 までの被験者の選択のみであって，成績やその他の情報は公開されない.

3.2　仮説

　ここでは，本章での仮説を整理する. Yagasaki (2019) では理論モデルを構築し，本節で述べられている仮説の理論的導出を行っている. 厳密な導出は原典を参照されたい. 基本的なアイディアは，女性が競争に参加することは「競争が好き」であるということを周囲にシグナルしてしまうため，伝統的な女性規範の観点から「女性らしくない」と思

---

[2]被験者の選択が周囲に観察されていなかったとしても，被験者自身は自分の選択を「観察」している. この場合，被験者は自己イメージ (self image) を気にして選択をするかもしれない.

われてしまうということだ[3]．したがって，周囲に行動が観察されている状況下においては，結婚市場や交際市場で自分の立場を不利にしてしまうこと (Fisman et al. 2006; Bursztyn, Fujiwara and Pallais, 2017) や女性規範から乖離した行動をとることを周囲に観察される「恥」などの心理的コスト (Akerlof and Kranton, 2010) など，女性は自分が「女性らしくない」という社会的イメージを周囲に与えることを気にして競争に消極的になってしまう可能性があるということである．したがって，まず以下のような仮説が浮かび上がる．

┌─ 仮説 1 ─────────────────────────
│ **B** において，非公開条件と公開条件を比較した場合，女性の競争
│ 参加率は公開条件の方が低くなる．
└──────────────────────────────────

　これに加えて，女性を優遇するアファーマティブ・アクションがこのような社会的イメージの効果を打ち消すのに効果的なのか否かを検証する．アファーマティブ・アクションは，Niderle, Segal and Vesterlund (2013) や Balafoutas and Sutter (2012) で非公開条件の下で女性の競争参加を促すのに有効であることが確認されている．公開条件の下で社会的イメージの影響を緩和するという観点からも，アファーマティブ・アクションは「一定の」効果を有することが理論的に予測される．

　なぜなら，アファーマティブ・アクションはもともと競争に参加しなかったような「女性らしい」女性を，女性の勝率を上昇させることによって競争環境に誘うことができる．それにより，アファーマティブ・アクションの下では，競争に参加する「女性らしい」女性が一定

────────────────────────

[3]ここでの「競争が好き」とは，第 1 章及び第 2 章で論じた競争選好が強いという意味合いと，リスク選好が強いという意味合いの両方を含み得る．いずれの場合においても，競争に参加することは，周囲に「女性らしくない」という特性をシグナルしてしまうことになる．

数いるため，競争に参加することが必ずしも「女性らしくない」と周
囲に認知されるわけではなくなるからだ．

　しかし，アファーマティブ・アクションによって，「競争に参加する」
ことが「競争に参加しない」ことよりも「女性らしさ」を周囲にシグ
ナルするという観点で望ましくなるわけではない．アファーマティブ・
アクションを導入してもなお，競争に参加する女性は競争に参加しな
い女性に比べて「競争が好き」であることを周囲にシグナルする．し
たがって，競争を回避する方が「女性らしい」という社会的イメージ
を周囲に与える上では望ましいという状況は変わらない．ゆえに，女
性の意思決定に社会的イメージが占めるウェイトが大きい局面におい
ては，アファーマティブ・アクションはその有効性が失われる可能性
がある．したがって，我々は以下の仮説を検証する．

> ┌─ 仮説 2 ─────────────────
> **AA** は非公開条件において女性のトーナメント参加率を増加させ
> る．ただし，非公開条件と公開条件を比較した場合，女性のトー
> ナメント参加率は公開条件の方が低くなる．

　女性を優遇するアファーマティブ・アクションが社会的イメージの影
響を緩和する上で限定的な効果しか持ち得なかったのは，競争に参加
しない方が「女性らしさ」を示す上では競争に参加することに比べて
優位な構造を崩すことができないからだ．では，競争に参加する方が
「女性らしく」思われるような介入政策は考えられないだろうか．その
ような問題意識から考えられたのが競争環境に向社会的インセンティ
ブを導入する **PRO** である．

　先行研究によれば，女性は男性よりも利他心が強く向社会的インセン
ティブに動機付けられて努力水準を上昇させる傾向がある (e.g., Tonin

48

and Vlassopoulos, 2010; 2015). ゆえに非公開条件においては，**PRO** は利他的な女性を競争環境に誘うため効果的であることが予測される．さらに **PRO** は，競争に参加しても募金をすることで「女性らしい」行動をとることを可能としている．この場合，公開条件において女性はトーナメント参加しても，社会的イメージのコストを負うどころか,「女性らしい」女性が募金をするインセンティブが十分に高い場合には競争に参加する方が「女性らしさ」の社会的イメージを周囲に与える観点で望ましくなる可能性がある．したがって，本章での我々の仮説は以下のようになる．

仮説 3 ────

PRO は非公開条件において女性のトーナメント参加率を増加させる．さらに，非公開条件と公開条件を比較しても，女性のトーナメント参加率は変わらない．

　最後に，トーナメント参加が周囲に公開されると知った場合，男性はどのように反応するかについても軽く触れておこう．競争に参加することが男性規範の一部であることを考慮すれば，周囲に行動が観察される場合，男性は自分が「男性らしい」行動をとるインセンティブを持つはずである．したがって，公開条件は非公開条件に比して，男性のトーナメント参加率が高くなる可能性が考えられる．次節の分析においては，主として女性に焦点を当てるが，男性についてもそのような効果が観察されるかどうかについても検証していくこととする．

3.3　結果

　図 3.1 は Round 3 から 5 でのそれぞれのトリートメントにおけるトーナメント参加率を性別や非公開・公開条件ごとに図示したものである．上記の仮説を順番に検討していこう．

　まず **B** におけるトーナメント参加率を見てみる．非公開条件において，女性は男性よりもトーナメント参加率が低いことが分かる．これは Niederle and Vesterlund (2007) から始まる一連の研究と整合的であるが，ここでのトーナメント参加率の男女差は統計的に有意なものではなかった．その意味で本実験で被験者となった女性は，非公開条件のもとではそこまで競争に消極的ではない女性たちであった可能性がある[4]．では公開条件ではどうだろうか．図 3.1 を見れば一目瞭然であるが，公開条件になると女性のトーナメント参加率は統計的に有意に約 20 パーセンテージポイント減少した．これは，仮説 1 と整合的な結果であるといえる．女性はトーナメントに参加することで自らが「競争が好き」な女性であると認知されることを恐れ，トーナメント参加を諦めてしまった可能性がある．一方で統計的に有意ではないものの，男性のそれは約 6 パーセンテージポイント増加している．結果，公開条件で男女のトーナメント参加率には大幅な開きが生じ，トーナメント参加に関して統計的に有意な男女差をもたらしている．これは労働市場における男女間格差を考える上で，「周囲の目」が女性の意思決定にどれだけ深刻な影響をもたらしているのかを示唆している．第 1 章で論じたように，女性は男性に比べてそもそも競争選好が強くないし，リスクを回避する傾向にある．しかし，そのような個人の特性とは独立に，女性がそのように振る舞わざるを得ない社会的圧力が存在することをこの結果は表している．

---

　[4]小標本に基づく誤差である可能性もある．

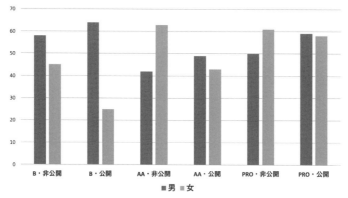

図 3.1　トーナメント参加率

　それでは，女性が社会的イメージを気にすることの影響を緩和する
ことにアファーマティブ・アクションなどの政策が有効なのだろうか．
図 3.1 では，非公開条件と公開条件のそれぞれにおいて，**AA** での女
性のトーナメント参加率が **B** と比較して増加していることが見て取れ
る．この意味で，アファーマティブ・アクションは女性を競争環境に
誘うのに一定の効果を持つことが分かる．ただし，**AA** の非公開条件
と公開条件でのトーナメント参加率を比較すると，依然として公開条
件での女性のトーナメント参加率は統計的に有意に非公開条件と比べ
て低かった．これらの結果は仮説 2 と整合的であり，女性を優遇する
アファーマティブ・アクションは，女性が「女性らしさ」の社会的イ
メージを気にして競争を回避せざるを得ない状況を緩和するのに必ず
しも有効ではない．
　ここで，「必ずしも」と述べる理由は，前述の通りアファーマティブ・
アクションは競争に参加する女性が負担する社会的イメージのコストを
軽減する上で無力ではあるとはいえないからだ．**AA** においては，トー
ナメントに参加する女性のポイントを 1 ポイント加算するという比較
的弱めの優遇政策を取っている．この優遇度合いを徐々に強めていけ

ば，女性のトーナメント参加は増えていくだろう．女性のトーナメント参加が増えれば増えるほど，女性のトーナメント参加はある意味女性にとって「普通」の選択になっていく．つまり，トーナメント参加が必ずしも「女性らしくない」と周囲に認知されなくなる可能性がある．しかし，このような形で女性の社会的イメージの影響を緩和するのには大きな欠点が存在する．図 3.1 にも示されている通り，**AA** では **B** と比較して男性のトーナメント参加率が非公開・公開条件ともに減少しているのが分かる．これはもちろん，女性を優遇するアファーマティブ・アクションによって男性の勝率が低下することに起因している．このようないわゆる「逆差別」の問題は，Niederle, Segal and Vesterlund (2013) や Balafoutas and Sutter (2012) で効率性への影響がほとんどないことが確認されているが，女性の優遇度合いを強めれば強めるほど，効率性への損失や不公平感に起因する様々な問題をもたらす可能性が生じてくる．つまり，女性の社会的イメージの影響を打ち消すために女性の優遇度合いを強化すれば，その代償として男性への逆差別の問題が深刻になるのだ．

　では，競争環境に向社会的インセンティブを導入した **PRO** では何が起こっているだろうか．図 3.1 に示されている通り，**B** と比較して **PRO** では，非公開条件と公開条件ともに女性のトーナメント参加率は増加している．特に注目すべきは，公開条件における **PRO** での女性のトーナメント参加率の増加が，**AA** におけるそれを大幅に上回っており，結果として非公開条件と公開条件の女性のトーナメント参加率に統計的に有意な差異がなくなる点だ．これは仮説 3 と整合的で，向社会的インセンティブの導入によりトーナメント参加に伴う女性の社会的イメージのコストが消滅したと考えることができる．**PRO** は利他的な女性をトーナメントに誘うため非公開条件において有効であるばかりでなく，公開条件においても女性はトーナメントに参加することで募金という向社会的で「女性らしい」行動を周囲にアピールすること

が可能になる．そのため，他のトリートメントに比してトーナメント参加することが「女性らしくない」という社会的イメージを周囲に与える心配がなくなるという意味で，公開条件においてはより有効性が強まる結果が出ていると解釈できる．

3.4　まとめ

　ここでは本章での結果や先行研究での研究成果を踏まえ，政府や企業で女性の競争参加を促すためにはどのような点に注意しながら政策をデザインすれば良いのかについて得られた政策的示唆をまとめる．

　クオータ制などの女性を優遇するアファーマティブ・アクションは現実に幅広く用いられている政策手段の一つである．前述の通り，Niederle, Segal and Vesterlund (2013) や Balafoutas and Sutter (2012) ではアファーマティブ・アクションの有効性を説いているが，近年，アファーマティブ・アクションの弱点を指摘する研究成果も出てきている．例えば Leibbrandt, Choon and Cordelia (2017) においては，現実の多くの職場環境で観察される同僚からの評価制度を実験室で再現した場合，クオータ制などのアファーマティブ・アクションのもとで女性が競争に参加すると，サボタージュが誘発され，それを予期する女性はアファーマティブ・アクションのもとでも競争に参加しなくなることを示した．関連して Mollerstrom (2014) では，アファーマティブ・アクションによって選ばれた被験者を含むグループでは，事後的に協力行動が起こらないことを示している．女性を「優遇する」アファーマティブ・アクションは必然的に不公平感を伴い，それに起因して様々な問題が発生する可能性を考慮すれば，なるべく不公平感を生み出さないような政策のデザインが必要だ．

　本章での結果は，女性を優遇するアファーマティブ・アクションのも

う一つの弱点を指摘している．アファーマティブ・アクションは，女性が競争に参加することに伴う「女性らしくない」という社会的イメージのコストを軽減することを必ずしも意図してデザインされている政策手段ではない．したがって，女性が直面している競争に参加することの弊害が，「女性らしくない」と思われることである場合，アファーマティブ・アクションはその有効性を失う可能性が生じてくる．会社の中での昇進競争や競争的なキャリア選択など，現実の様々な「競争的」な選択が周囲に観察されている状況で行わざるを得ないことを考慮すると，女性活躍を推進する観点から政府や企業はどのように競争に参加する女性が負担する社会的イメージのコストを軽減するかということをもっと意識すべきであると考える．

　以上をまとめると，女性の競争参加を促す上で望ましい政策とは，第一に女性を過剰に優遇することで不公平感を生み出すようなことのない政策でなければならない．第二に，競争に参加することを通して女性が「女性らしくない」と思われないように，女性の競争参加に伴う社会的イメージのコストを軽減する政策であることが望ましい．このような二つの条件を同時に満たし得る政策として，本章の研究では，競争環境に向社会的インセンティブを導入することを提案している．競争に参加することで募金などの慈善活動に参加する機会を提供することにより，女性を優遇することなく，競争に参加しながら女性は「女性らしさ」を周囲に示すことが可能となる．このアイディアをそのまま応用するとすれば，例えば企業内の企画コンペなどにおいて，自らのビジネスアイディアが採用されれば，得られた利益の一定割合を企画者の裁量で慈善団体に寄付するようにすれば，女性の企画コンペへの参加を促すことができるかもしれない．あるいは，金融や技術エンジニアなど「競争的」で「男性の仕事」というイメージが強いセクターにおいて，企業が有能な女性の採用を促進しようと思えば，企業全体としてCSRに積極的な姿勢を示すことが有効であるかもしれない．Samek

(2019) では大学生へのアルバイト募集において，向社会的なフレームによって募集をかける方が女性の競争的な報酬体系での応募を増やすことを示し，ラボ実験を離れた現実のフィールドでも実際に効果があることを示している．今後企業内での実際の昇進に関わるような競争に，向社会的インセンティブを導入することで女性の参加を促せるかを検証していくことが望まれる．

　最後に，女性を優遇するアファーマティブ・アクションと向社会的インセンティブを用いた政策は，代替的でなく補完的な政策オプションであると考えることもできる．前述した通り，逆差別の問題や不公平感の観点からアファーマティブ・アクションでの女性の優遇度合いは最小限に抑えるべきだ．しかし，それには女性の競争参加を十分に促せないというリスクを伴う．その際，向社会的インセンティブを同時に導入すれば，政策効果が補強されるであろう．あるいは，状況に応じて女性への優遇度合いを強めなければならない状況もあり得るだろう．そのような状況下では，Leibbrandt, Choon and Cordelia (2017) で観察されたサボタージュなどの問題を引き起こさないかが懸念事項となる．女性がアファーマティブ・アクションによって優遇されたことの恩恵を，慈善活動など社会に還元することで「再分配」することができれば，不公平感に伴うリスク要因を抑えることができるかもしれない．いずれも可能性の範疇を出ないが，今後検証していく価値はあると筆者は考える．

おわりに

　本書では敢えて，競争に参加することが「女性らしくない」や，募金などの慈善活動に参加することが「女性らしい」といったステレオタイプ的な言葉遣いをしている．これは筆者が女性はそのようにある「べき」であると思っているわけではないということを，最後に明確にしておきたい．

　かつて著名な投資家であるウォーレン・バフェットが「自分が成功したのは，競争相手が人口の半分で済んだためという側面もある」と述べたように，女性がより積極的に競争参加し，能力を活かせる世の中を実現することができれば，これまで隠れていた多くの才能に我々は出会えるだろう．しかし，それ以前に本格的な人口縮小時代への突入に伴い，女性活躍社会の実現は日に日にその社会的需要が高まってきている．仮に，こうした機運の高まりとともに，夫を支え，家事をし，子どもを育てることに生きがいを感じる女性が生きづらい世の中になってしまっては，それは真の女性「活躍」社会とは言い難い．大事なことは，人々がもつ多種多様な価値観を尊重し，性別に囚われることなく個々人が自らの成功を定め，誰もがより自由に幸福を追求することでそれぞれの人生で「活躍」できる社会を実現することだ．

　しかし，そういった社会を実現するためには，ゆっくりでも良いから着実な進歩が必要である．女性の管理職割合が一向に改善を見せない現状にあって，女性が男性と同じように政府や企業でリーダーシップをとる「イメージ」を人々は描くことができていない．結果，企業で管理職を目指す女性は「女性らしくない」という烙印が押され，そ

のような烙印を押されることを恐れる女性はさらに昇進競争などから
身を引いてしまうという負の連鎖に陥っている可能性がある．そのよ
うな状況を打破し，女性の昇進競争などへの参加を促すためには，女
性がリーダーシップを発揮しても周囲から「女性らしくない」と思わ
れないよう，女性の心に寄り添った政策が必要だ．そのような細やか
な政策を続けていくことで，女性が「女性らしさ」を気にすることの
ない，真の意味での女性活躍社会の実現へ近づいていくことだろう．

参考文献

[1] Akerlof, George and Rachel E. Kranton, 2000. "Economics and Identity," Quarterly Journal of Economics, 115(3), 715–753.

[2] Almas, Ingvild, Alexander W. Cappelen, Kjell G. Salvanes, Erik . Srensen, and Bertil Tungodden, 2015. "Willingness to Compete: Family Matters." Management Science, 62(8), 2149–2162.

[3] Almas, Ingvild, Alexander W. Cappelen, Kjell G. Salvanes, Erik . Srensen, and Bertil Tungodden, 2016. "What Explains the Gender Gap in College Track Dropout? Experimental and Administrative Evidence." American Economic Review, 106(5), 296–302.

[4] Andersson, Ola, Hakan J. Holm, Jean-Robert Tyran, and Erik Wengstrom, 2015. "Risk Aversion Relates to Cognitive Ability: Preferences or Noise?" Journal of the European Economic Association 14, no. 5: 1129–1154.

[5] Ashraf, Nava, Dean Karlan, and Wesley Yin, 2006. "Tying Odysseus to the Mast: Evidence from a Commitment Savings Product in the Philippines," Quarterly Journal of Economics, 121, 635–672.

[6] Balafoutas, Loukas and Matthias Sutter, 2012. "Affirmative Action Policies Promote Women and Do Not Harm Efficiency in the Laboratory," Science, 335(6068), 579–582.

[7] Becker, G. S. 1971. "The Economics of Discrimination." University of Chicago Press, 2nd edition.

[8] Benjamin, Daniel J. , Sebastian A. Brown, and Jesse M. Shapiro, 2013. "Who is Behavioral? Cognitive Ability and Anomalous Preferences." Journal of the European Economic Association, 11, 1231–1255.

[9]   Berge, Lars Ivar Oppedal, Kjetil Bjorvatn, Armando Jose Garcia
        Pires, and Bertil Tungodden, 2015. "Competitive in the Lab, Suc-
        cessful in the Field?" Journal of Economic Behavior and Organiza-
        tion,118, 303–317.

[10]   Bohnet, Iris, 2016. "What Works: Gender Equality by Design," Har-
        vard University Press.

[11]   Booth, Alison L., and Patrick Nolen, 2012a. "Gender differences
        in risk behaviour: does nurture matter?" The Economic Journal
        122.558: F56–F78.

[12]   Booth, Alison, and Patrick Nolen, 2012b. "Choosing to compete:
        How different are girls and boys?" Journal of Economic Behavior
        and Organization 81(2): 542–555.

[13]   Blau, D. and Lawrence M. Kahn, 1992 "The Gender Earnings Gap:
        Learning from International Comparisons, " American Economic
        Review, 533–538.

[14]   Burks, Stephen V. , Jeffrey P. Carpenter, Lorenz Goette, and Aldo
        Rustichini, 2009. "Cognitive Skills Affect Economic Preferences,
        Strategic Behavior, and Job Attachment." Proceedings of the Na-
        tional Academy of Sciences, 106, 7745–7750.

[15]   Bursztyn, Leonardo, Thomas Fujiwara, and Amanda Pallais, 2017.
        "'Acting Wife': Marriage Market Incentives and Labor Market In-
        vestments," American Economic Review, 107(11), 3288–3319.

[16]   Buser, Thomas, Muriel Niederle, and Hessel Oosterbeek, 2014.
        "Gender, Competitiveness and Career Choices." Quarterly Journal
        of Economics 129(3): 1409–1447.

[17]   Buser, Thomas, Noemi Peter, and Stefan Wolter, 2017. "Gender,
        Competitiveness, and Study Choices in High School: Evidence
        from Switzerland." American Economic Review: Papers and Pro-
        ceedings 107(5): 125–130.

[18]   Campbell, Anne, 2013. "A mind of her own: The evolutionary psy-
        chology of women." OUP Oxford.

[19] Charness, Gary, Ramon Cobo-Reyes, and Angela Sanchez, 2016. "The Effect of Charitable Giving on Workers' Performance: Experimental Evidence," Journal of Economic Behavior and Organization,131, Part A, 61–74.

[20] Croson, R., and U. Gneezy. 2009. "Gender Differences in Preferences." Journal of Economic Literature, 47(2), 448–474.

[21] Doepke, Matthias, and Fabrizio Zilibotti, 2017. "Parenting with style: Altruism and paternalism in intergenerational preference transmission." Econometrica 85.5: 1331–1371.

[22] Dohmen, Thomas, Armin Falk, David Huffman, and Uwe Sunde, 2010. "Are Risk Aversion and Impatience Related to Cognitive Ability?" American Economic Review, 100(3), 1238–1260.

[23] DellaVigna, Stefano and Devin Pope, 2017. "What Motivates Effort? Evidence and Expert Forecasts." Review of Economic Studies.

[24] Eckel, Catherine C., Grossman, Philip J., 2002. "Sex Differences and Statistical Stereotyping in Attitudes Toward Financial Risk." Evolution and Human Behavior 23(4): 281–295.

[25] Falk, Armin, Anke Becker, Thomas Dohmen, Benjamin Enke, David Huffman, Uwe Sunde, 2018 "Global Evidence on Economic Preferences." Quarterly Journal of Economics 133(4): 1645–1692.

[26] Fisman, Raymond, Sheena S. Iyengar, Emir Kamenica, and Itamar Simonson, 2006. "Gender Differences in Mate Selection: Evidence from a Speed Dating Experiment." Quarterly Journal of Economics 121(2): 673–697.

[27] Frederick, Shane, 2005. "Cognitive Reflection and Decision Making." Journal of Economic Perspectives, 19(4), 25–42.

[28] Gneezy, U., M. Niederle, and A. Rustichini. 2003. "Performance in Competitive Environments: Gender Differences." Quarterly Journal of Economics, vol.118, pp. 1049–1074.

[29] Hanushek, E. and D. Kimko, 2000. "Schooling, Labor-Force Quality and the Growth of Nations." American Economic Review 90(5):

1184–1208.

[30] Heckman, James, 2006. "Skill Formation and the Economics of Investing in Disadvantaged Children." Science, 312(5782): 1900-02.

[31] Jamison, E. A., D. T. Jamison, and E. A. Hanushek, 2007. "The Effects of Education Quality on Income Growth and Mortality Decline. " Economics of Education Review, 26(6): 771–88.

[32] Joensen, Juanna Schroter and Helena Skyt Nielsen, 2009. "Is There a Causal Effect of High School Math on Labor Market Outcomes?" Journal of Human Resources 44(1): 171–198.

[33] Joensen, J. S. and H. S. Nielsen, 2016. "Mathematics and Gender: Heterogeneity in Causes and Consequences." Economic Journal, 126: 1129–1163.

[34] Leibbrandt, Andreas, Wang L. Choon, and Foo, Cordelia, 2017 "Gender Quotas, Competitions, and Peer Review: Experimental Evidence on the Backlash Against Women." Management Science, 64(8).

[35] Manski, Charles F., 2004 "Measuring Expectations." Econometrica, 72(5), 1329–1376.

[36] Mollerstrom, Johanna, 2014. "Favoritism Reduces Cooperation." Working Paper.

[37] Mullainathan, S. and E. Shafir. 2013. "Scarcity: Why Having Too Little Means So Much." New York: Times Books, Henry Holt and Company.

[38] Niederle, Muriel, and Lise Vesterlund, 2007. "Do Women Shy Away from Competition? Do Men Compete too Much?" Quarterly Journal of Economics 122(3), 1067–1101.

[39] Niederle, Muriel, Carmit Segal, and Lise Vesterlund, 2013. "How Costly Is Diversity? Affirmative Action in Light of Gender Differences in Competitiveness." Management Science, 59(1), 1–16.

[40] Okudaira, Hiroko, Yusuke Kinari, Noriko Mizutani, Fumio Ohtake, Akira Kawaguchi, 2015. "Older Sisters and Younger Brothers: The

Impact of Siblings on Preference for Competition." Personality and Individual Differences, 82, 81–89.

[41] Reuben, Ernesto, Paola Sapienza, and Luigi Zingales, 2015. "Taste for Competition and the Gender Gap among Young Business Professionals." Working paper.

[42] Sandberg, Sheryl, 2013. "Lean in: Women, Work, and the Will to Lead." New York: Alfred A. Knopf.

[43] Shurchkov, Olga. 2012. "Under Pressure: Gender Differences in Output Quality and Quantity under Competition and Time Constraints." Journal of the European Economic Association, 10(5): 1189–1213.

[44] Sutter, Matthias, Martin G. Kocher, Daniela Glatzle-Rutzler, Stefan T. Trautmann, 2013. "Impatience and uncertainty: Experimental decisions predict adolescents' field behavior." American Economic Review 103(1), 510–31.

[45] Todd, P., Wolpin, K., 2003. "On the Specification and Estimation of the Production Function for Cognitive Achievement." Economic Journal. 113, 3–33.

[46] Tonin, Mirco and Michael Vlassopoulos, 2010. "Disentangling the Sources of Pro-Socially Motivated Effort: A Field Experiment." Journal of Public Economics, 94 (11–12): 1086–1092.

[47] Tonin, Mirco and Michael Vlassopoulos, 2015. "Corporate Philanthropy and Productivity: Evidence from an Online Real Effort Experiment." Management Science, 61(8): 1795–1811.

[48] Waldfogel, J., "Understanding the 'Family Gap' in Pay for Women with Children." Journal of Economic Perspectives. 137–156.

[49] Yagasaki, Masayuki and Makiko Nakamuro, 2018. "Competitiveness, Risk Attitudes, and the Gender Gap in Math Achievement." RIETI Discussion Paper Series 18-E-066.

[50] Yagasaki, Masayuki, 2019. "Encouraging Women to Compete: Social Image and Prosocial Incentives." Working paper.

[51] Zhang, J., 2013. "Can Experimental Economics Explain Competitive Behavior Outside the Lab?" mimeo, University of California, Berkeley.

著者紹介

矢ヶ崎将之

2009 年　慶応義塾大学経済学部卒業

2011 年　東京大学公共政策大学院専門職学位課程
　　　　　経済政策コース修了

2013 年　東京大学大学院経済学研究科現代経済専攻
　　　　　修士課程修了

現在　　東京大学大学院経済学研究科附属
　　　　　政策評価研究教育センター・特任研究員
　　　　　元・三菱経済研究所研究員

競争を回避する女性
―形成・帰結・政策的対応について―

2020 年 1 月 20 日　発行

定価　本体 1,000 円＋税

著　　者　　矢ヶ崎　将之

発 行 所　　公益財団法人　三菱経済研究所
　　　　　　東 京 都 文 京 区 湯 島 4-10-14
　　　　　　〒 113-0034 電話 (03)5802-8670

印 刷 所　　株式会社　国 際 文 献 社
　　　　　　東 京 都 新 宿 区 山 吹 町 332-6
　　　　　　〒 162-0801 電話 (03)6824-9362

ISBN 978-4-943852-73-5